改訂増補

PTAのあいさつ・司会進行・文書の事典

PTAマナー研究会

法研

はじめに

子どもを自立したおとなに育てるには、親だけでは難しいでしょう。といって学校にまかせっきりでも心配です。家庭と学校が協力しあって、子どもたちの環境を整えることが大事です。そこで重要になってくるのがPTA活動です。

PTAは保護者のなかから選ばれた役員が中心になって運営されますが、PTAの役員というと、「1度はやらなくちゃいけない」「引き受けたら損をする」などと、マイナスイメージがつきまとい、保護者の間では敬遠されがちです。

しかし、何期か続けたPTA会長にお聞きすると、「どの役員さんも、任期が終了すると異口同音に、よい経験をしたと感想を口にする」と言います。ただし、その話には続きがあって、「でも、2期続ける人はいませんが」と。役員のなり手不足はどこも同じですが、いずれにしても、「やってよかった」と思う保護者は多いようです。

では、役員をすすめられて、どうして尻込みしてしまうのか？　前述のPTA会長の話では、会議に出たり、校外活動に参加したりするよりも、人前でのあいさつ、親同士や先生とのおつき合いなどへの不安が大きいようです。そこで、保護者が苦手にしているあれこれを一挙に解決できないか、と考え発刊したのが本書です。

「苦手で、とても引き受けられない」という保護者のハードルを少しでも低くできたらと願って本にまとめました。

どうか、本書を参考に、「やってよかった」と思えるようなPTA活動が経験できるようにお祈りいたします。

PTAマナー研究会

改訂増補 PTAのあいさつ・司会進行・文書の事典

CONTENTS

CONTENTS

第5章　学級でのあいさつ・相談……129

CONTENTS

CONTENTS

第1章

PTAおつき合いのマナー

先生とのおつき合いのマナー

●態度やことばづかいはていねいに

先生とよい関係を築いていく基本は、相手に対する敬意を忘れないことです。先生が保護者より年下の場合でも、ぞんざいな話し方をしたり、くだけすぎた態度をとったりしてはいけません。お互いの立場をわきまえて礼儀正しく接することは、おとな同士としてつき合っていく上での最低限のマナーです。

行事などで学校を訪れたら、校内で出会う教職員には保護者から積極的にあいさつを。担任や顔見知りの先生には、「いつもお世話になっております」など簡単な感謝のことばも添えるとよいでしょう。

●先入観やうわさ話に惑わされない

保護者同士のつき合いのなかで、先生に関するさまざまな評判を耳にすることも少なくないでしょう。なかには、先生の指導力や人柄を批判するようなものもあるかもしれません。でも、保護者の価値観や子どもとの相性は人それぞれです。よくないうわさ話をうのみにすると、先生の長所が見えなくなってしまうこともあります。他人の評価に惑わされて先入観を持ったりせず、きちんと先生と向き合っていくことが大切です。

●日ごろの感謝は年賀状や暑中見舞いで

ほかの保護者とのトラブルを避けるためにも、個人的に先生に品物を贈るのはやめたほうがよいでしょう。日ごろの感謝を伝えるなら、年賀状や暑中見舞いがベスト。たとえつたないものであっても、子ども自身に書かせて送ると先生にも喜んでもらえます。

✳先生とのおつき合いの基本

ことばづかいはていねいに

先生のほうが年下でも、必ず敬語を使う

あいさつは自分から

先生に会ったら、保護者から積極的にあいさつを

きちんとした態度で

謙虚な気持ちで、礼儀正しく接する

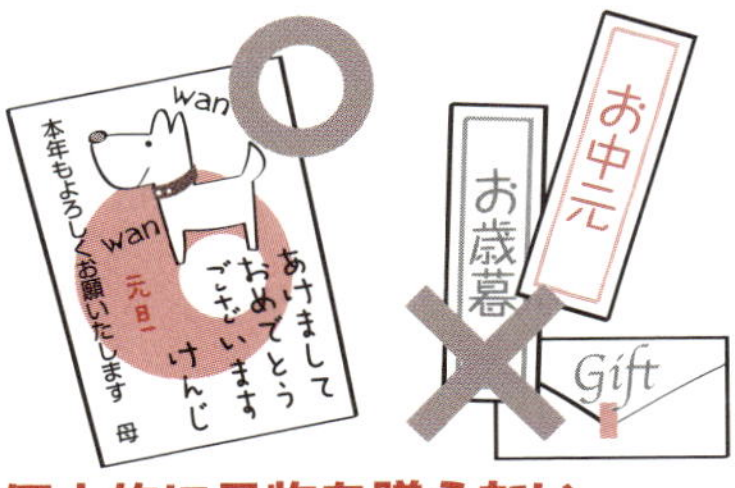

個人的に品物を贈らない

感謝の気持ちは、子どもからの年賀状などで伝える

先入観を持たずに接する

よくないうわさ話などに惑わされない

●緊急時以外の連絡は書面で

個人的な相談や連絡事項がある場合、緊急時を除いて電話は避けるのがマナー。先生は授業時間中に電話を受けることができないのはもちろん、放課後も翌日以降の授業の準備や研修等の予定がつまっています。保護者からの電話に個別に対応するのはむずかしいことを知っておきましょう。また、特別な事柄がない限り、携帯電話の番号やアドレスは開示しない先生が一般的です。

ちょっとした連絡事項なら、連絡帳を利用します。子どもに読ませたくないものや込み入った内容のものなら、手紙に簡潔にまとめ、子どもに持たせましょう。手紙ではむずかしい相談の場合は、具体的な内容に簡単に触れ、個人的に面談の時間を設けてもらえるように書面で依頼します。

面談の日時は先生のスケジュールに合わせるのが基本ですが、保護者の仕事の都合などがある場合は、複数の希望日時を書いておくと日程調整がスムーズです。

●面談は事前の準備をしっかりと

先生との面談は、短時間で効率よく進めます。そのためには、相談したいポイントをしぼり、保護者の考えや先生に聞きたいことなどを具体的にメモしておきましょう。

学校には、駐車スペースが用意されていないのがふつうなので、面談の当日は自転車や徒歩、子どもが通学しているのと同じ交通手段で学校へ。

●落ち着いて先生と意見交換を

面談の際は、保護者の意見や希望を言うだけでなく、先生のアドバイスにもきちんと耳を傾けます。学校での子どものようすを正しく知るためにも、先生との情報交換は大切です。話し合いを意味のあるものにするためにも、自分の要求を一方的に押しつけたり、感情的になったりすることがないよう注意しましょう。

＊先生への連絡・相談の注意点

・電話やメールは避け、書面で
・簡単な連絡や相談なら連絡帳を利用する

面談の依頼など

込み入った相談

連絡帳に書きにくいことは手紙にまとめ、子どもに持たせる

面談の前に

・ポイントをまとめておく
・相談したいこと、聞きたいことなどをリストアップしておく

面談当日

・自分の要求を押しつけるのではなく、先生の話も聞く

・交通手段は自転車や徒歩、子どもの登校と同じ方法で
・駐車スペースなどの問題があるので、車は避ける

・遅刻はしない
・約束の５分前までには到着するようにする

親同士のおつき合いのマナー

●子どもを通したつながりであることを忘れない

親同士のおつき合いは、学校行事や子どもの交友関係を通して生まれます。おつき合いが深まってくると、自然に親しい人同士が集まるグループもできてきます。

こうしたおつき合いで忘れてはならないのは、親同士のつながりは、あくまでもお互いの子どもを介したものであるということ。第一の目的は親同士が仲よくなることではなく、子どもの学校生活がよりよいものになるようバックアップすることです。子ども同士が仲よしだからといって親同士も気が合うとは限りませんが、親同士はトラブルを避け、円満におつき合いを続ける努力をしましょう。

●あいさつや基本的なマナーをしっかりと

親同士のおつき合いで気をつけたいのが、日ごろのマナーです。親しさの度合いにかかわらず、顔を合わせたらあいさつをする、約束やルールを守るなど、基本的なことをおろそかにしないように気をつけましょう。

親同士は年齢や生活環境、価値観なども人それぞれです。最初からなれなれしくしすぎたり、プライベートなことに踏み込んだりすると、相手に不愉快な思いをさせることも。知り合って間もないうちは適度な距離を保ち、ていねいなことばづかいときちんとした態度で接するのが基本です。

親同士のグループは、子どもの交友関係に応じてメンバーが変わっていく流動的なもの。だれに対しても分け隔てなく接し、気持ちよくおつき合いを続けるのが正解です。

おつき合いをスムーズにするポイント

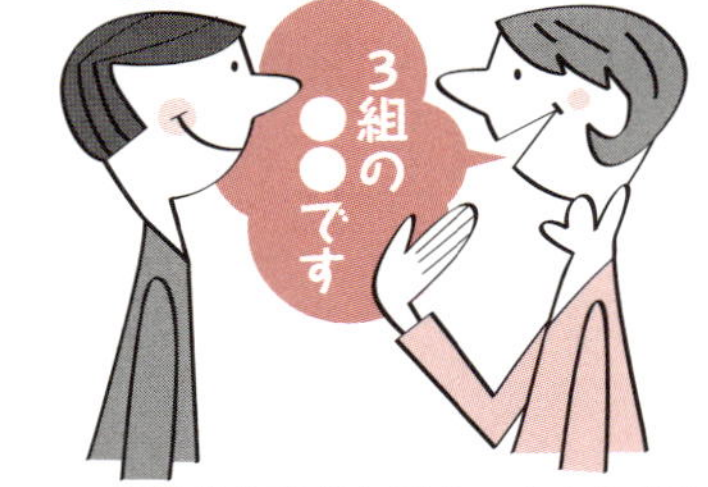

自分からすすんであいさつをする

ことばづかいはていねいに

保育園や幼稚園からのつき合いだけでない
新しいお友だちにも公平な態度で接する

約束やルールは必ず守る

苦手な相手とも自然な態度で接する

適度な距離感を保つ

●他人の考えを受け入れることも大切

親同士のおつき合いがむずかしい理由のひとつに、子どものしつけなどに関する考え方の違いがあります。

子どもが友だちの家に遊びに行くようになると、お互いの家庭のルールや子どもへの接し方の違いが気になることがあります。どうしても見過ごせないことは話し合うべきですが、ちょっとしたことなら大らかに見守りましょう。

自分の考えや家庭の方針は大切ですが、それを他人にまで押しつけるのは無理があります。よいおつき合いを続けるためには、「他人は他人」と割り切ることも必要です。親同士の考え方の違いにこだわるより、子ども同士が仲よくしたいと思う気持ちを大切にするべきです。子どもには「自分の家と○○ちゃんの家は違う」ことをきちんと言い聞かせ、自宅では自宅のルールを守らせるようにしましょう。

●相手の立場や都合を考え節度あるおつき合いを

親同士がプライベートでつき合う場合は、相手の立場や都合を考えることが大事です。自由に使える時間やお金は人によって異なるからです。

例えば何かに誘うなら、まず「いつ、どこで、だれと、何をするのか」を説明し、およその予算や所要時間なども伝えたうえで相手の都合を聞きます。断られたら、「じゃあ、また今度行きましょう」などと、さらりと受け入れて。しつこく誘ったり、理由をあれこれ尋ねたりするのは控えましょう。

また、話題選びにも気配りを。特に大勢が集まる場では、だれもが気軽に話せることを話題にします。一部の人にしかわからないことやプライベートなこと、他人の批判などは慎みましょう。

話に加わっていない人に気づいたら、積極的に声をかけ、さりげなく話の輪に引き入れるなどの心配りも大切です。

＊話題選び＆話し方のポイント

だれもが話しやすいことを話題にする

- 天気　・旅　・食べもの
- 最近のニュース
- 人気のあるテレビ番組や有名人
- 学校の行事 など

✕
- 家族　・病気
- お金　・仕事
- 政治　・宗教
- 学歴 など

相手の立場や都合を考える

話に加わっていない人には、積極的に話しかける

言いにくそうなことは聞き出そうとしない

自分の意見や考えをおしつけない

PTAでのおつき合いのマナー

●役員は推薦や立候補で選ばれる

ＰＴＡは、保護者と先生が協力し合って子どものための活動をする団体。おもに保護者が中心になって運営する場合が多いようです。組織の形はさまざまですが、いくつかの委員会を本部がまとめるスタイルが一般的。委員や本部役員は年度初めに推薦や立候補によって選ばれます。

委員や役員になるとＰＴＡの活動に時間をとられることになるため、積極的に参加する保護者が少ないことも。面倒だからと知らん顔をするのではなく、一部の人にばかり負担をかけないように、子どもの在学中に一度ぐらいは委員や役員を引き受けるつもりでいるとよいでしょう。

●役員以外の人も活動には協力を

役員や委員を引き受けたら、責任をもって役割をこなしましょう。「ほんとうはやりたくなかったのに」などと言いわけをするより、気持ちよく仕事に取り組んだほうが周囲の協力も得られます。

都合がつかずに断る場合、「考えてみます」などあいまいな言い方をせず、引き受けられない理由をきちんと伝えます。ただし、拒否するだけでは周りの人に不快感を与えてしまうことも。「仕事の都合で役員はできませんが、○○ならできますので、そちらをお手伝いさせてください」など、協力する姿勢も示すようにしましょう。また、役員以外の人は、役員を批判しないのがマナー。役員の力が足りない部分はほかの人がフォローし、よい雰囲気で活動を進めるように心がけましょう。

＊PTAの組織の例

※実際の組織は、学校によって異なります。

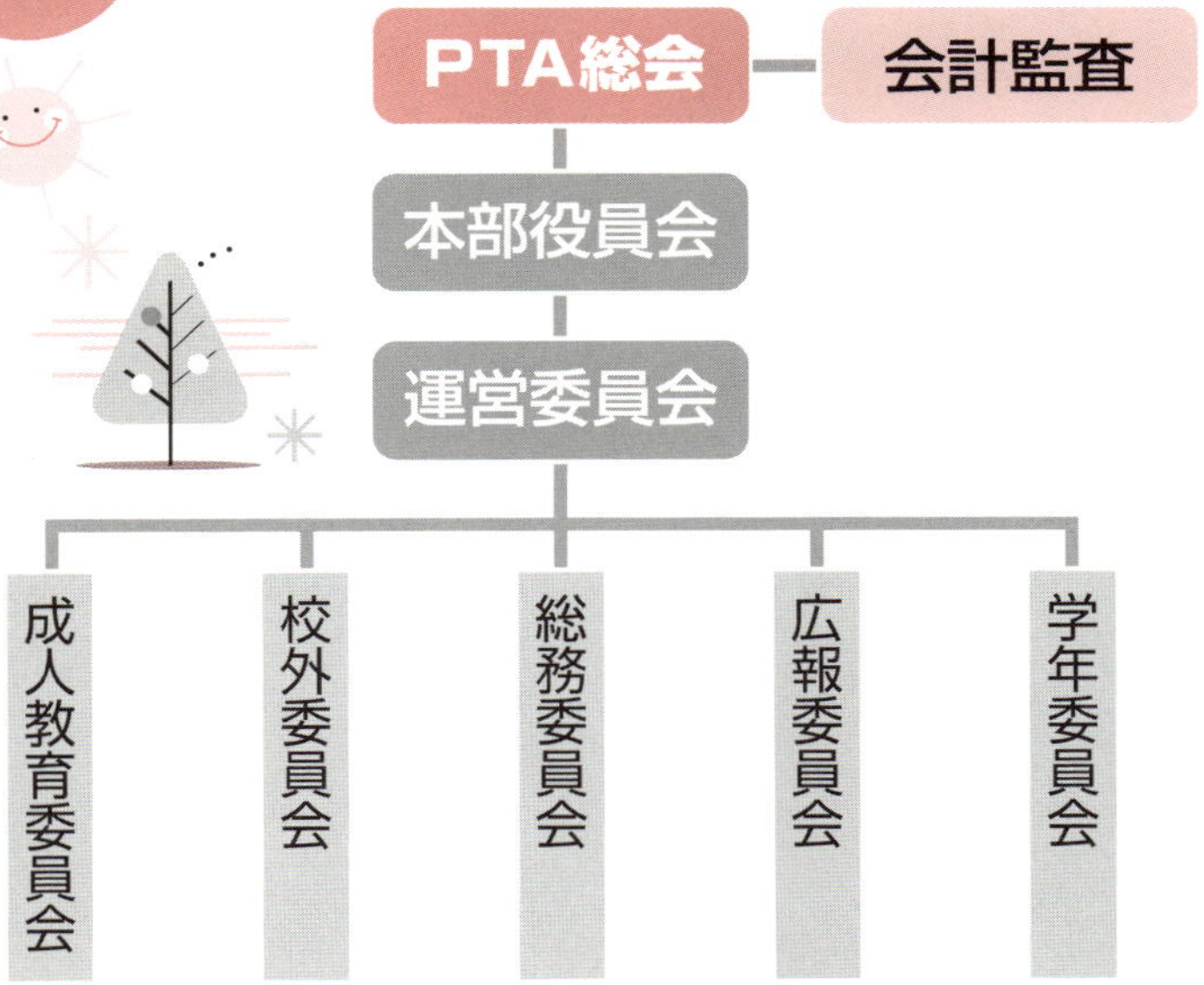

委員や役員を引き受ける メリット

・学校内の動向がわかる
・先生と接する機会が増える
・ほかの保護者と接する機会が増える
・地域との関係が深まる

委員や役員を引き受ける デメリット

・拘束される時間が増える
・雑用が増える
・責任を負わされる

●式典や行事にはTPOに合った服装で参加

入学式や卒業式などあらたまった式典に参加するときは、その場にふさわしい服装を心がけます。スーツまたはジャケットとスカートの組み合わせが一般的です。

カジュアルすぎる服や派手な服は避けたほうが無難。服装の規定があるわけではありませんが、周囲から浮いてしまい、式典の雰囲気を損なうことになりかねないからです。

アクセサリーを着けるならパールが無難。入学式も卒業式も主役は子どもたちですので、くれぐれも目立ちすぎないようにメイクや髪型にも気を配り、落ち着いた上品な感じにまとめましょう。

授業参観や懇談会などでは、地味すぎない「キレイめカジュアル」、運動会やレクリエーションでは動きやすい「スポーツカジュアル」で。それぞれの目的にあったファッションを上手に選びましょう。

●行事に参加するときのマナー

学校の行事に参加するときは、行事の進行を妨げたり、ほかの保護者や先生に迷惑をかけたりしないように注意します。

基本的なことですが、携帯電話は電源を切るか着信音が鳴らないようにし、静かにするべき場面では私語を慎んで。

　発表会などでは、自分の子どもの出番でなくても静かに観賞しましょう。

　写真やビデオ撮影をしたいときは、事前に撮影が認められているかを確認します。

　撮影する場合は、ほかの保護者のじゃまにならないように気をつけます。撮影に夢中になって人を押しのけたり、前のほうで立ち上がったりするのはマナー違反です。できれば、撮影は会場のいちばん後ろから。会場内を動き回る場合は、周りの人に「失礼します」と声をかけるなどの気配りを忘れないようにしましょう。

学校の式典・行事で気をつけたいこと

静かにするべき場面では私語を慎む

自分の子ども以外にも興味を持つ

携帯電話は電源を切るか、マナーモードに

写真やビデオ撮影は、周りに迷惑をかけない範囲で

先生に贈る記念品のマナー

●先生への贈りものは原則、必要なし

地域や学校によっては、卒業式や先生の転出などの際に保護者からの記念品を渡す場合があります。子どもたちがお世話になったことへの感謝の気持ちを表すためのものです。贈りものに関する考え方は人それぞれでしょうが、原則として先生へのお礼の品物は必要ありません。先生側としても、「本来は受け取るべきではないけれど、用意してもらったものを断るわけにもいかない」というのが本音なのではないでしょうか。

ただし贈る側にしてみれば、これまで慣例として続いてきたものを急に廃止するのはむずかしいことも多いでしょう。最近は、保護者から集金して記念品を贈るケースは少なく、贈る場合も卒業記念品などの積み立てのなかから花束くらいにとどめるのが常識的です。

理想は、お金をかけずに、先生に喜んでもらえるものを贈ること。例えば子どもたちの寄せ書きや手紙など、思い出に残るものがおすすめです。

●先生への個人的な贈りものは控える

仮に特別にお世話になったと感じることがあっても、先生に個人的に品物を贈るのは控えましょう。先生にとって負担になるだけでなく、ほかの保護者に不快な印象を与えてしまい、トラブルの原因になることもあります。

先生への贈りものは、クラスや学年、学校単位で行うのが基本。個人的に感謝の気持ちを伝えたいときは品物を贈るのではなく、お礼状を出すようにするとよいでしょう。

＊先生に記念品を贈る場合

手作りなら…

イベントの際などの写真を
集めて整理したアルバム

子どもたちから先生へ
の寄せ書き

子どもたちが書いた手紙や
絵をまとめた文集

買ったものなら…

花束程度にとどめる

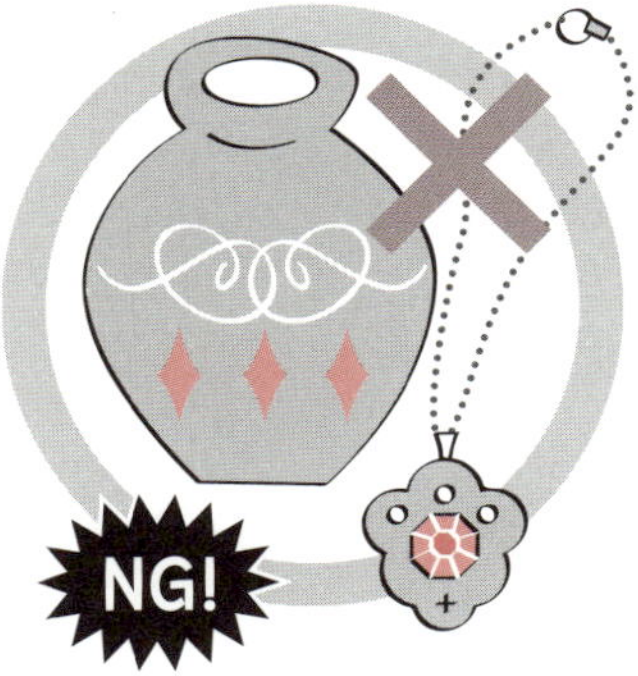

高価なものは、
先生にとってもありがた迷惑

電話・携帯のマナー

●ていねいなことばづかいで明るくハキハキと

ＰＴＡの活動などに参加すると、個人的に親しくない人と電話で話す機会も増えてきます。電話は顔が見えない分、話し方で印象が決まってしまうもの。ていねいなことばづかいで、明るくハキハキと話しましょう。

電話で注意したいのは、かけた側には相手の状況がわからないということ。自分からかけた場合、相手が出て簡単なあいさつをすませたら、用件に入る前に都合を尋ねるようにします。相手の都合が悪い場合は、いつなら時間がとれるか確認しておき、その時間にかけなおしましょう。

用件は、ポイントをおさえて手短に。「5W1H（いつ、どこで、だれが、何を、なぜ、どのように）」を意識して、具体的に話します。電話をかける前に必要事項をメモしておくと、伝え忘れを防ぐのに役立ちます。電話を受けた場合はポイントを復唱して確認し、メモしておくとよいでしょう。

●ラインで連絡をとるＰＴＡのグループも

地域にもよりますが、最近の学校と保護者間、あるいは保護者間の連絡は、保護者は携帯（スマホ）を所持しているということを前提に行われることが多いようです。

学校と保護者間であれば、新年度の際、保護者が登録したメールアドレスに、児童に持たせるお知らせとは別に、学校からメールが入るしくみになっているところもあります。

保護者間では、ラインを使って連絡を取り合うＰＴＡもあるようです。

※ 5W1H については、181 ページ参照。

●個人情報の保護を意識したマナー

個人情報保護法の関係で、クラスの名簿を配布する学校は少なくなっています。それでも連絡網が必要な場合は、連絡する次の家庭の電話番号だけを知らせたり、連絡網は設けず、あらかじめ登録したアドレスにメールで知らせる方法をとる学校もあります。

親しくなった保護者の電話番号を聞くのは差し支えありませんが、さまざまな勧誘に利用されるデータになる可能性があるので、保護者同士の連絡で知った電話番号などの情報は、むやみに外に漏らさない配慮が必要です。

✳電話のかけ方の基本

相手が出たら名乗る
- ○○小学校で広報委員をしております田中と申します
- 花子ちゃんと同じクラスの田中太郎の母です

↓

あいさつをする
- いつもお世話になっております
- お忙しいところ、申しわけありません

↓

相手の都合を確認
- ○○の件なのですが、
  今、お時間よろしいでしょうか？

↓ **すぐに話せるとき**

- 用件を伝える

↓

あいさつをして電話を切る
- 失礼いたします

↓ **すぐに話せないとき**

電話で話せる時間を聞く
- それでは、後ほどかけ直させていただきます。何時ごろでしたらよろしいでしょうか？

→ あいさつをして電話を切る

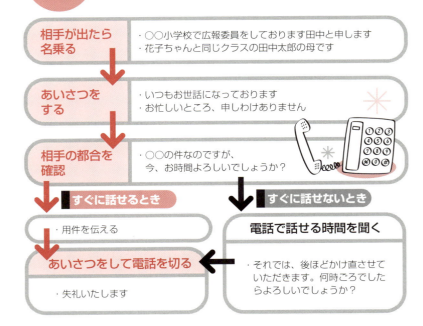

困った保護者とのつき合い方

●うわさ話が好きな人とは距離をおいて

親同士のつき合いが深まると、さまざまなうわさが耳に入ることがあります。皆が楽しめるような内容なら問題はありませんが、身近な人に関するうわさ話には注意が必要です。うわさは、人から人に伝わるうちにおもしろおかしく脚色されてしまうもの。事実とは正反対のことが広まる場合もあるので、聞いたことをうのみにするのはやめたほうがよいでしょう。被害者にも加害者にもならないためには、無責任なうわさ話には加わらないのがいちばんです。

●困った人とは無理につき合わない

親同士のグループ内でのトラブルでよく見られるのが、仲間はずれにされたり陰口を言われたりするケースです。仲間はずれにされていると感じたら、まずは原因を考えてみましょう。思い当たることがあれば素直に謝罪しますが、理由が理不尽な場合はその人たちとのおつき合いはそこまでと考え、もっと気持ちよくつき合える人を探しましょう。

ただし、おつき合いをやめたあとも、あいさつなどはきちんとするようにします。

陰口を言われた場合は、気づかないふりをするのがいちばん。根拠のない悪口やうわさは、すぐに自然消滅するもの。ムキになって否定したりするのは逆効果です。

また、身勝手な頼みごとをしてくる人や、おせっかいな人も困りもの。迷惑な頼みごとは「都合が悪い」などの理由でやんわりと断り、おせっかいな人には適当に調子を合わせておくのが無難です。

＊困った人への対処法いろいろ・・・

うわさ話はしない＆聞かない

他人の悪口は言わない＆
自分の悪口は無視する

仲間外れなどのトラブルを
起こす人たちとは距離をおく

小額でもお金の貸し借りは
しない

強引な勧誘や売り込みは
きっぱり断る

余計な口出しは適当に
聞き流す

学校外の塾やサークルでのマナー

●習いごとは子どもに合った環境で

子どもを塾や習いごとに通わせる場合、できれば事前に見学や体験入学をするのがおすすめです。例えば同じスポーツに取り組むチームであっても、本格的に上達を目指すのと、楽しむことを目的とするのでは、練習のしかたが違ってきます。まずは現場の雰囲気を見て、子どもに合った場所を選ぶことが大切です。

塾やサークルの活動には、親は干渉しないのが基本です。ただし、スポーツのクラブなどでは送り迎えや練習時のサポートが必要なこともあります。運営方法はさまざまなので、チームなどの慣例に従って協力を。子どもが主役であることを忘れず、親はでしゃばらない範囲でサポートしていくのが理想です。

●親同士は節度を保っておつき合いを

子どもの習いごとを通じて親同士が親しくなることも珍しくありません。親同士が気持ちよくつき合うには、子どもを比べないことが大切です。習いごとの内容によっては子どもの上達などの度合いに差がついてしまうこともあります。たとえ悪気がなくても、自慢をしたり張り合ったりするのはやめましょう。

また、どちらかが一方的に何かをしてもらうのもトラブルの元になることがあります。送り迎えの際に車に乗せる、子どもがよく家に遊びに行くといった小さなことも「当たり前」と思わず、きちんとお礼を言うのはもちろん、ときにはちょっとしたお礼の品を贈るなどの気配りを欠かさないようにしましょう。

＊友だちの親にお世話になったら

子どもがよく家に遊びに行く

親に会ったらお礼を言う

↓

・「いつも子どもがお邪魔をしてすみません」
・「たまには、うちにも来てくださいね」

↓

食事などをごちそうになったようなら、自分の子どもに聞き、お礼の電話をする

↓

・「食事までごちそうになったようで、申し訳ありません」

↓

たまには、手づくりのお菓子などを持たせる

車にのせてもらった

ていねいにお礼を言う

短距離の場合 → ・お菓子など、ちょっとしたものを贈る

長距離の場合 ↓

ガソリン代の支払いを申し出る

支払う必要はないと言われたら → ・お菓子など、ちょっとしたものを贈る

金額を言われたら ↓

その場で支払う

注意！
短距離なのに
ガソリン代の支払いを
申し出るのは、
かえって失礼なことも

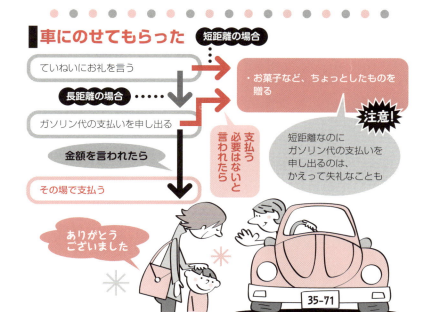

トラブルが起こったときのマナー

●友だちにけがをさせてしまったときは

子どもが友だちにけがをさせてしまったときは、けがの程度にかかわらず、親からも謝罪を。子どもから事情を聞き、すぐに電話を入れます。原因が相手側にある場合でも、まずはけがをさせたことに対しておわびのことばを述べます。その後、事情説明をしてけがのようすを聞き、必要に応じて治療費の負担などを申し出ます。後日、子どもといっしょに相手の家を訪問し、改めておわびをしましょう。

●いじめたり、いじめられたりしたときは

子どもがいじめの被害者または加害者になった場合、まずはよく話を聞き、本人の気持ちを落ち着かせます。小さな子どもの場合、悪意のない言動がいじめととられることもあるので、親は冷静に話を聞いて状況を判断しましょう。子ども同士での解決がむずかしそうな場合は、担任の先生に相談するのがおすすめ。個人面談の時間を設けてもらい、事実関係の確認と今後の対処法についての相談をします。相手の親との話し合いが必要な場合、感情的な行き違いなどを防ぐため、先生にも同席してもらうとよいでしょう。

●子ども同士がけんかをしたときは

どちらかがけがをしたり、いじめにつながったりしていない場合は、親が口を出さないのが基本です。気になる場合は相手の親と連絡を取り合い、子どものようすなどについて情報交換を。タイミングを見はからってさりげなく仲直りを促すなどのサポートをしてもよいでしょう。

＊トラブルに対処するときの注意

自分の子どもの言い分だけを
信じない

感情的にならない

おわびの電話や訪問は、
できるだけ早く

必要に応じて、弁償や治療費の
負担などを申し出る

いじめの問題は、
先生を通して話し合う

ことばづかいや
言い回しに注意する

●おわびをするときに気をつけたいこと

おわびの気持ちを伝えるには、素直に非を認め、心を込めて謝罪することが大切。事情はどうあれ、責任逃れをするような言い方は相手に不快感を与えてしまいます。おわびをするときはまず謝罪のことばを述べ、そのあとで状況説明をするのが基本です。

ただし子ども同士の場合、被害者側にも落ち度があることも珍しくありません。状況を無視して全面的に責任をかぶってしまうと子どもの気持ちを傷つけたり、かえってトラブルが大きくなったりすることもあります。全面的に謝罪する必要がない場合は、何に対する謝罪なのかを伝える工夫も大切。漠然と「申しわけありません」と言うのではなく、「けがをさせてしまって申しわけありません」のような言い方をしてみましょう。

●苦情を言うときに気をつけたいこと

苦情を言う場合に意識したいのは、感情的にならないこと。たとえ相手が悪くても、強い口調で責めたり、高圧的な態度をとったりしないように注意します。さらに、苦情の内容をはっきりさせることも大切です。例えば「子どもにけがをさせた」ということを問題にしているのなら、それ以外のことには触れないのが正解。思いつくままにあれこれ文句を言ったり批判したりすると、必要以上に話がこじれてしまいます。相手に話を聞いてもらうためにも、冷静な態度で筋道が通った話をするように心がけましょう。

第2章

苦手なスピーチ克服作戦

大切なのは目的に合った話をすること

●適切なテーマを選び短くまとめるのが基本

ＰＴＡ関連の行事に参加すると、あらたまった席であいさつやスピーチを求められることがあります。人前で話すことは、ふだんのおしゃべりとはまったく別のもの。多くの人に注目される緊張感もあり、慣れないうちはうまくできなくても当たり前です。

あいさつの基本は、その場に合ったテーマを選び、伝えたいことを短くまとめて話すことです。文案がまとまったら副校長（教頭）などに、ざっと目を通してもらうと安心です。

●ＴＰＯに合ったテーマ選びを心がける

あいさつをするうえでもっとも大切なのがテーマ選びです。テーマは、その場の目的や雰囲気、自分の立場などに合わせて適切なものを選びます。

また、聞き手がだれなのかも考えておく必要があります。たとえば卒業式などの式典なら、あらたまったスピーチを。同級生の保護者が集まる懇談会などでは、ある程度くだけた内容で。また、聞き手に子どもが含まれている場合は、むずかしいことばや言い回しを避けるなどの気配りも必要です。

テーマ選びに迷った場合は、その場の目的を見直してみます。ＰＴＡの委員会などであれば一緒に活動していく仲間として協力を求め、子どもが参加するイベントなどであれば楽しいムードを盛り上げるなど、「何のために、だれが集まっているのか」を考えれば、あいさつのテーマも自然に決まってくるでしょう。

✳あいさつにふさわしい話題

運動会などの学校行事

行事の成功を祈ることばや、子どもたちへの励ましなど。閉会時であれば、行事の感想や、運営にかかわった人への感謝など

式典

先生への感謝や、子どもたちへの祝辞、保護者としての喜びのことばなど

ＰＴＡの会合

率直に協力を求め、会合の目的を説明する。閉会時であれば、協力に感謝することばなど

行事の委員や幹事として

参加者や先生への感謝や、進行の説明。閉会時であれば、行事の感想や協力への感謝、運営にかかわった人へのねぎらいなど

懇談会などクラスの行事

子どもやクラス運営に関する身近な話題など

ポイントをおさえて下書きをする

●下書きの前の4つのチェックポイント

あらたまったあいさつでは、事前に下書きをしておきましょう。話す内容を考えるときにおさえておきたいポイントは、次の4つ。1つめが場所。会場の広さや聞き手の人数によって場の雰囲気も異なります。2つめが自分の立場。保護者代表として話す場合と、運営側の代表として話す場合とでは、話す内容が変わってきます。3つめがあいさつの順番。自分の前後に、だれが、どんなテーマで話すのか調べ、内容が重複しないようにします。4つめが聞き手。出席者の年齢や立場、また、子どもも含まれるかどうかなどをチェックしておきます。

●テーマを絞ってわかりやすい内容に

スピーチの構成の基本は、「序論・本論・結論」。まず最初に時候のあいさつや簡単な自己紹介をし、本論で主要なテーマについて話します。最後に話をまとめ、お礼のことばなどを述べましょう。序論と結論はできるだけ簡潔にし、本論の部分は内容を整理して具体的にまとめます。

わかりやすく話すため、本論のテーマは1つに絞ります。あれこれ盛り込みすぎると散漫な印象になり、言いたいことが伝わらなくなってしまいがちだからです。

また、あいさつは3分程度でまとめるのが一般的。短すぎるとぶっきらぼうな印象を与えかねず、長すぎると聞き手が飽きてしまいます。聞きやすい速さで話すことを考えた場合、3分間のスピーチなら原稿は1000字前後を目安にまとめるとよいでしょう。

＊スピーチ原稿の作り方

1 事前にチェックしておくこと

・場所
・自分の立場
・あいさつの順番
・聞き手

2 下書きをする

①序論

・時候のあいさつ、自己紹介、関係者への感謝のことば　など

②本論

・スピーチの主要なテーマについて、具体的に話す
・テーマは１つに絞る

③結論

・本論のまとめ
・結びのあいさつ　など

3 長さを調節する

・聞きやすいと言われる速度は、１分間に300字程度。３分間なら1000字前後を目安にする
・序論、結論は短めに。本論に時間を割いてメリハリをつける

スピーチの前に準備しておくこと

●声に出して原稿を読み上げる練習を

多くの人の前であいさつをする場合は、事前に練習をしておくのがおすすめ。当日あがってしまうのを防ぐのに役立つだけでなく、口に出してみないと気づきにくい原稿の内容や表現もチェックすることができます。

練習をするときは、必ず声に出して原稿を読み上げます。できれば家族や親しい友人の前で練習し、気になる点を指摘してもらいましょう。聞き手がいない場合は、スピーチを録音し、自分で聞き直します。内容が正しく伝わるか、敬語の使い方は適切か、読みにくい部分はないか、などをていねいに確認しましょう。必要に応じて内容を手直しし、最終的な原稿ができあがったら、時間を計りながら、読み上げて話す速度や間のとり方をつかんでおきます。練習の際、原稿を暗記する必要はありません。無理に暗記すると、途中で間違えるとその先のことばが出てこなくなったり、棒読みのような話し方になってしまうことも。当日も原稿を見ながら話すことを前提に練習しておきましょう。

●本番の前に会場内のチェックをしておく

当日は少し早めに会場に行き、下見をしておきます。自分が立つ位置や聞き手との距離、マイクの有無などを確認しましょう。可能なら、スピーチをする位置に実際に立って原稿を読み上げる練習をしておきます。それがむずかしい場合は、席を立ってからスピーチを終えて退場するまでの流れを具体的にイメージし、本番に備えます。

＊練習する際にチェックすること

原稿の内容

・ＴＰＯにふさわしいテーマか
・言いたいことが伝わるか
・文脈は整っているか
・１文が長すぎないか
・敬語の使い方は正しいか
・表現は適切か
・引用句や慣用表現に誤りはないか
など

話しかた

・聞きやすい速さで話しているか
・ほどよい時間におさまっているか
・発音しにくいことばや表現がないか
・棒読みになっていないか　など

会場で確認したいこと

・会場の広さや聞き手との距離
・自分が立つ位置
・マイクの有無
・自分が席を立ち、スピーチをして退場するまでの動線　など

目的に合ったトーンを忘れないで

●その場にふさわしい話し方を心がける

スピーチをする際に大切なのは、話の内容だけではありません。式典や会合の雰囲気を考え、それにふさわしいトーンで話すことも必要です。たとえば、あらたまった式典には落ち着いた調子、楽しい行事には場を盛り上げるような元気な調子が似合います。また、一般に低いトーンの話し方には説得力が感じられ、高いトーンの話し方は明るくやさしい印象を与えます。声の質は人それぞれですが、場の雰囲気やスピーチの目的に応じて話し方を工夫してみるとよいでしょう。

ただし、過剰な演技は逆効果です。わざとらしいと、聞き手を白けさせてしまうことがあるからです。ポイントは、その場の雰囲気をこわさないこと。緊張感に負けず、心を込めて話すことを心がければ、自然とその場にふさわしいトーンになるでしょう。

●ハキハキと語尾までしっかり発音する

声のトーンにかかわらず、ハキハキした口調で話すことも大切。注意したいのは、小声でボソボソ話したり、反対に話し方が早すぎたりすること。聞きとりにくいだけでなく、自信がなさそうな印象を与えてしまいます。

また、人前で話す場合は、意識的に語尾まではっきりと発音するようにします。日本語は、文末の表現によって大きく意味が変わることがあります。「というような気がしますが…」などと語尾をあいまいにすると、言いたいことが正しく伝わらないこともあるので、十分に注意しましょう。

＊スピーチの際に心がけること・・・

運動会
みんなで
力をあわせて
・場の雰囲気にそぐわないトーン
・わざとらしい話し方
NG!

その場の雰囲気や目的にふさわしいトーンで

口先だけでなく、心を込めて話す

校長先生をはじめ
諸先生方…

聞き取りやすい速度で、ハキハキと

NG!
・小声でボソボソと話す
・早口で話す
・語尾が聞きとれない
先生方や
保護者の………
この懇親会の…
子どもたちの…

語尾まではっきりと発音する

自分のスピーチ力に合わせて話す

●スピーチ上手な人はそれほど多くない

人前で話すことに苦手意識を持っている人は少なくありません。でもPTA関連の行事では、あいさつやスピーチを辞退するのはむずかしいことも。いざというときは、苦手なら苦手なりにこなしていくしかありません。

PTAはさまざまな保護者の集まりです。スピーチ上手な人など、そう多くないのがふつう。聞き手側も完璧なものを求めているわけではないので、「少しぐらい失敗しても大丈夫」と気楽に考えてみましょう。もちろん事前の準備や練習は必要ですが、あまり無理せず、自分の「スピーチ力」に合った話し方をすれば十分です。くだけた雰囲気の場であれば、あいさつの最初に「こういった場に慣れておりませんので、たいへん緊張しております」などと言ってしまう手もあります。

●メモを持参し、堂々と見ながら話す

本番では、原稿の要点だけを抜き出したメモを見ながら話すのが理想です。完全原稿を持参すると、どうしても全文を読み上げてしまいがち。メモを手がかりに自然なことばで話したほうが、言いたいことがきちんと伝わります。メモを見ながらのスピーチはふつうのことなので、堂々と見ながら話してかまいません。

マイクを使う場合は、口とマイクのあいだを握りこぶし1つ分ぐらいあけるのが基本。スタンドの高さが合わなかったり、マイクの調子が悪かったりするときは、あわてず司会者などに声をかけて調整してもらいましょう。

＊スピーチに慣れていないなら・・・

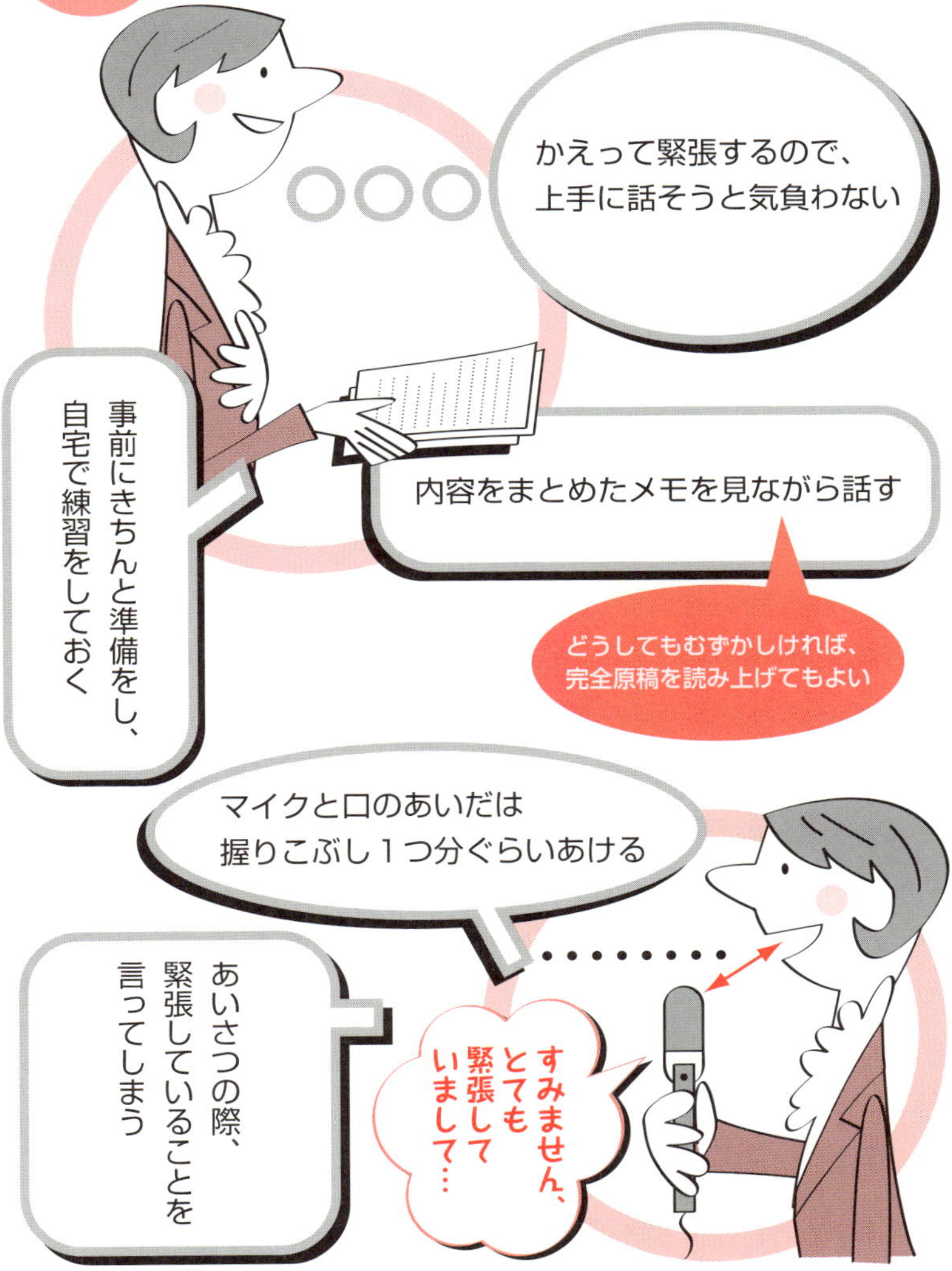

敬語はそれほどむずかしくない

●3種類の敬語を正しく使い分ける

スピーチをするときは、敬語を正しく使うように心がけたいもの。特にあらたまった式典や、聞き手に年長者が多い場合などは要注意です。

敬語には、ていねい語・尊敬語・謙譲語の3種類があります。ていねい語は、語尾に「です・ます」をつけたり、ことばをていねいな表現に言い換えたりするもの。尊敬語は、他人の動作などを高め、反対に謙譲語は自分の動作などをへりくだった言い方であらわすことによって、相手への敬意を示すものです。尊敬語や謙譲語は語尾などが変化するほか、ことばそのものが特定の形に変わることもあります。よく使われるものは正しく覚え、自信がないものは事前に確認しておきましょう。

●誤用や不自然な言い方にも注意

敬語は、相手と目的に合わせてほどよく使うことに意味があります。ていねいにすればするほどよい、というわけではないことも覚えておきましょう。たとえばフランクな集まりの場なら、さらりとていねい語を使えば十分。大げさな敬語を使うと、かえって慇懃無礼《いんぎんぶれい》な印象を与えてしまうこともあります。

また、「おっしゃられる」「拝見させていただく」など、1つの文に2つ以上の敬語表現を入れてしまう「二重敬語」にも注意。ことばの頭に必要以上に「お・ご」をつけるのも不自然です。このほか、「〜のほう」「よろしかったでしょうか」など、ていねいだが誤った使い方の敬語にも気をつけましょう。

ことばの形が変わるていねい語の例

基本	ていねい語
さっき	先ほど
あとで	後ほど
今日	本日
この前	先日
あっち・こっち	あちら・こちら
どんな	どのような
どう	いかが

ことばの形が変わる尊敬語と謙譲語の例

基本	尊敬語	謙譲語
言う	おっしゃる	申す・申し上げる
見る	ご覧になる	拝見する・見せていただく
行く	いらっしゃる	まいる・伺う
する	なさる	いたす・させていただく
来る	いらっしゃる・お越しになる お見えになる・おいでになる	まいる・伺う
食べる	召し上がる	いただく
帰る	お帰りになる	失礼する・おいとまする

※敬語の分類は上記の３分類法のほか、謙譲語を「謙譲語・丁重語」、ていねい語を「ていねい語・美化語」に分ける５分類法もあります。

印象は姿勢と態度で決まる

●話すために聞き手の印象は態度にも左右される

よいスピーチをするためには、態度にも気を配る必要があります。聞き手は話を聞くのと同時に、目からも情報を得ています。話し方がどんなに上手でも、態度がきちんとしていなければ好感度がダウンしてしまいます。横柄な態度やだらしない態度がよくないのはもちろんですが、もう1つ気をつけたいのが自分の「癖《くせ》」。本人に自覚はなくても、他人に不快感を与えることがあるので要注意です。

また、態度以前に身だしなみも大切。本番前には必ず鏡を見て、服装や髪、メイクなどを整えます。正面からだけでなく、横や後ろからもチェックしておきましょう。

●姿勢を正し落ち着いた態度で

スピーチの本番で第一に心がけたいのが、姿勢よく立つこと。背筋をのばし、肩の力を抜いてまっすぐに立ちます。腕は自然に体の両脇に。女性なら、体の前で軽く組んでもよいでしょう。おじぎをするときは、背すじを伸ばしたまま上体を前に30度ほど倒し、2～3秒キープしてからゆっくりと元の姿勢に戻ります。背中を丸めたり、首をふるように頭だけ下げたりしないように気をつけます。

話すあいだは、視線をキョロキョロと動かさないこと。少し遠くにいる人を1人選び、その人の顔を見ながら話すようにします。気持ちに余裕があれば、ときどき会場全体を見渡します。自然な笑顔で話すのが理想ですが、緊張しているなら無理せずふつうの表情で話して構いません。

＊聞き手によい印象を与える態度

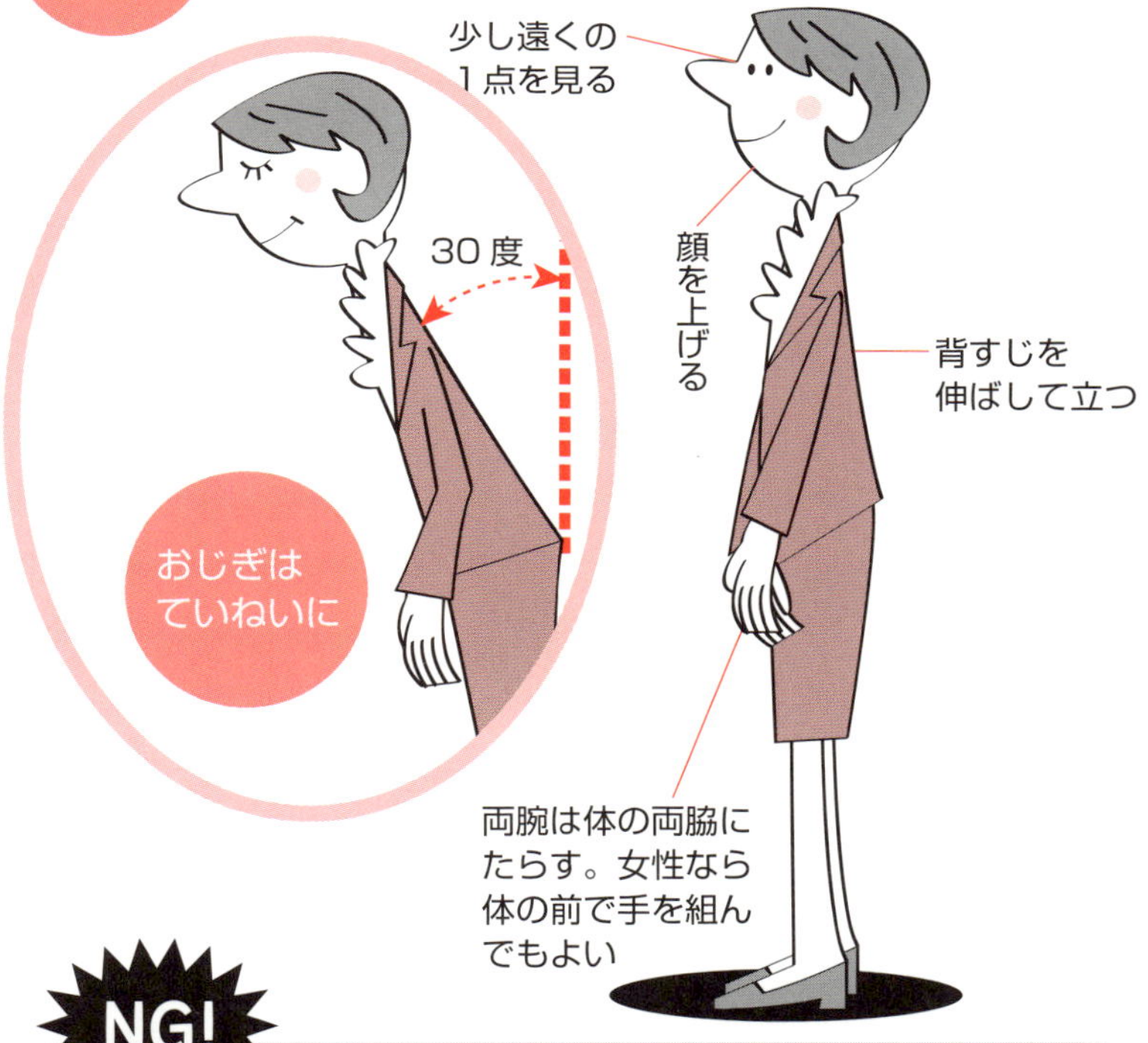

アガらないための特効薬は「ゆとり」

●「ゆとり」を持って話すために

大勢の人の前に立てばだれでも緊張し、上手に話せないのはふつうです。その緊張感を克服し、思ったことを聞き手にしっかり伝えるには、「ゆとり」を持って話すことです。

その「ゆとり」が持てないから緊張するのだ、と反論を受けそうですが、「ゆとり」を意識することで自分の心理をラクな方向に導くことは可能です。それには、まず、事前によく練習すること。「ここまで練習したのだから」という心理がゆとりを生みます。

次に、自然に構えて、ゆっくり話すこと。意識してゆっくり話すと、落ち着きが生まれ、聞き手のようすを見ながら、相手に合わせた話をすることができます。さらに、早口で話すより、聞きやすく上手に聞こえます。

最後は、うまくいくイメージをずっと持ち続けることです。「失敗しないか」というマイナスイメージが先行すると、「ゆとり」がどんどんすり減って、イメージ通りに失敗しがちです。「うまくいく」と思い込むと、「ゆとり」がどんどん膨らみ、イメージ通り大成功という結果になることが多いようです。

●アガってしまったときは

どんなに練習し、リラックスして臨んでも、アガってことばが出なくなることがあります。「あれ、どんな話だっけ？」と頭が真っ白になってしまいます。

そんなときは、あわてず、来場者にわからないように小さく深呼吸し、「不慣れなもので」「すっかり緊張してしまって」と正直に謝りましょう。

＊あがらないための６つの工夫

数日前から

自信がつくまで
事前の練習を

鏡の前で
「ニッコリ」の練習を

事前のチェック

周囲の人とのおしゃべりで
リラックス

はじまる前に
大きく深呼吸

さぁスタート!!

知っている人を見つけて
安心しよう

ゆっくり、はっきり
話すのを心がけて

知って便利な「決まり文句」

●最初と最後のあいさつは形式通りに

同年代の保護者が集まるクラス懇談会や、気心が知れた仲間が集まるような場であれば、くだけたスピーチが喜ばれることも多いはず。でも、あらたまった式典や年長者が多く集まる場では、ある程度、形式にのっとって行うことも大切です。聞き手の価値観はさまざまなので、個性的なスピーチが好意的に受け止められないことも考えられるからです。ただし、だからといってマニュアルを丸暗記したような堅苦しいものにする必要もありません。ポイントとなるのは、最初のあいさつと、最後のしめくくり。この部分に適切なことばを盛り込んでおけば、きちんとした印象を与えることができます。

●目的や立場に合わせて一定の言い回しをアレンジ

最初のあいさつや最後のしめくくりには、「決まり文句」とも言える一定の言い回しがあります。スピーチの目的や自分の立場に合わせ、適切な言い回しを取り入れるとよいでしょう。決まり文句をそのまま使うのに抵抗を感じる人もいるかもしれませんが、スピーチやあいさつは、聞き手に不快感を与えないことも大切。自分がよく知らない人が少数でも聞き手に含まれている場合は、基本に忠実に行ったほうが安全です。

スピーチの本論では、自分が伝えたいことをきちんと話します。あいさつなどとは逆に、この部分はマニュアルに頼りたくないもの。適切な話題を選び、身近なエピソードなどを盛り込んで、自分らしくまとめてみましょう。

＊スピーチに使える決まり文句の基本構成

場面	立場	トーン	はじめのあいさつ	しめくくりのあいさつ
入学式でのあいさつ	ＰＴＡ会長	明るくなごやかに	・新入生のみなさま、保護者のみなさま、ご入学おめでとうございます。	・この学校でいろいろな経験をしてください。 ・ＰＴＡから保護者のみなさまの協力をお願いいたします。
運動会でのあいさつ	ＰＴＡ会長	明るくさわやかに	・絶好の運動会日和に恵まれましたね。 ・けがのないように気をつけてがんばってください。	・みなさん、お疲れさまでした。 ・天気が最後までもってくれたのも、みなさんのがんばりがあったからでしょう。
謝恩会でのあいさつ	実行委員長	明るくなごやかに	・校長先生はじめ、諸先生方には大変お世話になりました。 ・子どもたちが無事卒業できたのも、先生方のおかげです。	・どうか先生方にはいつまでも、子どもたちの成長を見守っていてください。 ・以上を申し上げて、感謝のことばに代えさせていただきます。
ＰＴＡの委員長就任のあいさつ	各委員会の委員長	謙虚に	・このような大役をおおせつかり、自信がありませんが……、 ・私のような者で大丈夫か心配ですが……、	・どうか1年間、よろしくお願いいたします。 ・至らない点が多いと思いますが、ご協力お願いいたします。

「上手」に話すより「感じよく」話す

●心を込めて話すことが大切

あいさつやスピーチが上手な人に共通しているのは、場数を踏んでいるということ。これに対してスピーチ初心者の場合、あがってしまって思うように話せないことも珍しくありません。慣れないうちは、上手に話そうと思わないのがいちばんです。聞き手の中にも人前で話すのが得意ではない人が多いはずなので、プロの司会者のようになめらかに話すより、多少たどたどしいぐらいのほうが好意的に受け止められることもあるでしょう。話し方の上手・下手にこだわるより、誠実な態度で心を込めて話すことのほうが大切です。

●適度な間をとってゆっくり話す

人前で話すことに慣れていない人は、上手に話すテクニックより、聞き手に対する気配りを心がけることから始めましょう。話すときに意識したいのは、「聞きやすく話す」ことです。

ポイントとなるのは、話すスピードや間のとり方です。緊張するとどうしても早口になりがちなので、話すスピードはふだんよりゆっくりめにするつもりで。マイクがない場合は、会場全体に声が届くように大きめの声を出すようにします。また切れ目なくダラダラ続く話は聞き取りづらく、意味もとりにくいもの。文章の句点と読点を意識して、適度な間をとりながら話してみましょう。できれば、原稿を棒読みするような一本調子は避け、自然な抑揚をつけて聞き手に語りかけるようにするとよいでしょう。

感じのよい話し方をするために

ふだんよりゆっくりと、
聞き取りやすい
スピードで話す

きちんとした態度で、
心をこめて話す

自然な抑揚をつけ、
語りかけるように話す

句点、
読点を意識して、
間をとりながら話す

NG!

一本調子でメリハリがない

早口で話す、小声でボソボソ話す

口調はなめらかだが、一生懸命さが感じられない

●自分なりのひと言を添えて

人前で話す機会のうち、もっとも一般的なのが自己紹介です。事前に用意をしていないことも多く、たくさんの人が集まる場では1人ひとりの持ち時間も短いため、とっさに何を言えばよいかわからなくなってしまうこともあるでしょう。自分の名を名乗り、「よろしくお願いします」などの簡単なあいさつをつけ加えるだけでも用は足りますが、自己紹介は初対面の相手に自分を知ってもらうためのもの。できれば自分なりのコメントを、ひと言でもよいのでつけ加えたいものです。

つけ加えるコメントは、その場の雰囲気や目的に応じて考えます。たとえばPTAの委員会なら、前向きな意欲を示すことばを。クラス懇談会なら、子どもについて簡単に触れるのもよいでしょう。ある程度の持ち時間があるなら、自分の得意なことや興味の対象などについて話すのもおすすめです。

●明るくハキハキとした口調を心がける

自己紹介の際は、明るくハキハキと話すことを心がけます。無理におもしろいことや印象的なことを言うより、きちんとした態度で話したほうが聞き手に好印象を与えることが多いようです。

自己紹介で自分をアピールすることは大切ですが、自慢話は禁物。本人に悪気はなくても、聞き手にとっては自慢に聞こえることもあるので注意しましょう。仕事上の地位などが高い人は、肩書きや自分の業績を並べたてたり部下に対して話すような横柄な態度をとったりしないように気をつけます。

ただし、自慢話がきらわれるからといって謙遜しすぎるのも逆効果。あまりにも自分を卑下するような発言はわざとらしく感じられ、よい印象を与えないこともあるので注意しましょう。

第3章

学校行事でのあいさつ・スピーチ実例

幼稚園 父母会会長

入園式でのあいさつ

TONE なごやかに

保護者へのあいさつ

保護者のみなさま、本日はご入園おめでとうございます。どんなにか、この日を待ち望まれたことでしょう。その一方で、「うちの子はちゃんとみんなと仲良くできるか心配で…」と、不安になることもあると思います。①**実は、私もそうでした。**でも、ご安心ください。子どもたちはこの園で元気いっぱいに過ごしていくでしょう。

子どもたちへのことば

②**お友だちのみなさん、こんにちは。**今日からみなさんは二葉幼稚園の仲間です。これから毎日、先生といっしょにお外で遊んだり、お絵かきをしたり、お歌をうたったりして、お友だちをたくさんつくってください。

保護者への呼びかけ

いま保護者のみなさんは、いろいろなご心配があると思います。これからは、みなさま方といっしょに先生方や在園児の保護者の方々も子どもたちを見守っていきます。どうぞ、ご安心ください。③**そして、不安なことがあれば、どんなことでもご相談ください。**本日はおめでとうございました。

スピーチのマナー

①保護者の心配に共感する

保護者の方々の心配を先輩が共感するような話しかけをすると安心されるでしょう。また、園には経験者がいることがわかることで、保護者はみんな同じだと安堵感を覚えるものです。

②子どもを飽きさせない

子どもたちは集中力が持続しません。あいさつの途中で子どもたちに話しかけて、園生活の楽しさを伝えることが大切です。

③受け入れ姿勢を示す

園全体でみなさんを受け入れます、というメッセージを伝えます。

幼稚園保護者代表

入園式でのあいさつ

TONE 謙虚に

入園式のお礼

本日は、①**あたたかい入園式を開いていただきまして、ありがとうございます。**また、たくさんのお祝いのことばをいただくとともに、心やさしく受け入れていただき感謝にたえません。

園生活への期待

子どもたちは、二葉幼稚園で初めての社会生活を過ごさせていただきます。わが子を見送る親の私たちとしても、不安ながらもこれから成長していく子どもたちの姿を楽しみにしているところです。

これからの3年間、園でいろいろな体験をしていくことでしょう。そこで、②**ひとつお願いがあります。**ときには子どもたちがわがままな振る舞いをすることもあるでしょう。先生方にはきびしく接していただければ幸いです。

列席者へのお礼

園長先生をはじめ、ご列席のみなさまには、ご面倒をおかけすることもあると思いますが、③**子どもたちのために今後ともよろしくお願いいたします。**

スピーチのマナー

①入園式のお礼

式典を開いていただいたお礼は欠かせません。列席者の方々のやさしい心づかいにふれるとよいでしょう。

②園生活への期待と先生方へのお願い

幼稚園での生活を楽しみにしている反面、心配事もあることを正直な気持ちで伝えます。同時に、親として園になにを期待するのかを率直に述べると好感がもてます。

③子どもを託す気持ちで

これから3年間、いろいろな出来事があるでしょう。子どもたちの生活を見守ってほしいという気持ちで、子どもを園に託すことばで締めくくります。

小学校PTA会長

入学式でのあいさつ

TONE なごやかに

新入生、保護者へのあいさつ

ただいま紹介いただきました、PTA会長を務めさせていただいております加藤です。新入生のみなさん、そして保護者のみなさま、ご入学おめでとうございます。

みなさんのお顔を拝見していると、どんなにか、この日を楽しみにされていたのかがわかります。私たちも、①**みなさんが○○小学校へ来られる日をお待ちしていました。**

新入生へのことば

新1年生のみなさん、今日はきりっといいお顔をしていますね。みなさんは今日から○○小学校で、新しい先生やお友だち、上級生のお兄さんやお姉さんといっしょに勉強したり、遊んだりします。②**初めてのこともたくさんあるでしょう。**早く学校生活に慣れて、いろいろな発見をしてください。

保護者への呼びかけ

保護者のみなさま、PTAは校長先生をはじめ、諸先生方と協力して運営しております。**A子どもたちの学校生活が充実するよう、**みなさま方の積極的なご参加とご協力をお願いしまして、私からのあいさつに代えさせていただきます。

スピーチのマナー

①歓迎の意を表す

「ようこそ！」という歓迎の気持ちを表します。今日から○○小学校の仲間であるという意識を、保護者・新入生にもってもらえるとよいでしょう。

②新入生に期待をもたす

学校生活に期待がもてるように、これまでに経験のないことが学校にはたくさんあることを伝えます。「理科室や音楽室もあります」などと、具体的に話すとより効果的でしょう。

言い換え

A「子どもたちが健全に成長していけるよう」

中学PTA会長

入学式でのあいさつ

TONE 明るく

新入生、保護者へのあいさつ

新入生のみなさん、保護者のみなさま、**①本日は○○中学校ご入学おめでとうございます。**私、PTA会長を務めさせていただいております井上から、ひと言ごあいさつを申し上げます。

新入生へのことば

新入生のみなさんは、中学校生活に漠然とした不安を抱えながらも、いろいろな期待もお持ちでしょう。クラブ活動に励み、友情をはぐくみ、勉学に励み、ときには恋に悩むこともあるでしょう。**Aいろいろなことにチャレンジできるのが中学生のときです。**

これからの3年間で多くのことを学び、向上心を育んでいってください。みなさんのご両親やご家族の方々も、いろいろな経験を積んでほしいと願っていると思います。

PTAからの呼びかけ

PTAといたしましても、校長先生をはじめ諸先生方、保護者の方々とともに、**②新入生のみなさんを見守ってまいります。**保護者のみなさまも、どうかご協力をお願いいいたします。

スピーチのマナー

①あいさつは短めに

中学校ともなると、新入生や保護者に向けてのあいさつは短めにするとよいでしょう。自身の立場を紹介することは忘れないように。

②新入生・保護者に呼びかける

PTAの呼びかけは保護者に向かいがちですが、中学生になればPTAの存在もわかっているので、みんなが見守っていることを伝えます。同時に、保護者への協力を求めるメッセージを送ることも大切です。

言い換え

A「中学生のときにしかできないことがたくさんあります。」

幼稚園
父母会会長

卒園式でのあいさつ

TONE さわやかに

保護者へのあいさつ

保護者のみなさま、本日はご卒園おめでとうございます。父母の会を代表いたしまして、加藤からひと言ごあいさつを申し上げます。

3年前の入園式を思い起こしてみてください。①**じっと座っていられなかった子どもたちが、いまでは背筋を伸ばしてちゃんと座っていられるようになって、**さぞやお喜びのことでしょう。これも、園長先生をはじめ、先生方のご指導の賜物だと思います。

子どもたちへのことば

キリン組のみなさん、卒園おめでとうございます。

みなさんは4月から小学校へ行きます。小学生になると、新しいことがたくさん待っているでしょう。でも、「どうしよう…」と思うこともあるかもしれません。そんなとき、②**幼稚園や、やさしい先生の顔を思い出してください。**先生たちはみなさんが楽しい小学校生活を送られるように、ずっと見守ってくださっていますから、がんばってください。

スピーチのマナー

①成長の姿を具体的に話す

入園時と卒園時を比較しながら、子どもの成長を具体的にあげて保護者のご苦労もねぎらいます。抽象的な言い方では、気持ちが伝わりにくいものです。「表情もお兄ちゃん、お姉ちゃんになり」という言い方もあります。

②先生方の気持ちを代弁

幼稚園を卒園しても、先生方はずっとみんなを見守っていることを伝えます。基本的には6歳児が理解できることばづかいがベストですが、あまりにも子ども扱いした口調は避けましょう。

幼稚園
保護者代表

卒園式でのあいさつ

TONE
感謝して

卒園式のお礼

本日は、**①このように盛大な卒園式を開いていただきましてありがとうございます。**みなさまから心温まる祝辞をいただき感謝にたえません。

先生方への感謝

園長先生ならびに諸先生方、父母の会の役員のみなさまには、これまでわがままな子どもたちや不安を抱える親をやさしく受け入れてくださり、また温かいご指導もいただき、お礼を申し上げます。

子どもたちは広い園庭で走り回ったり、ウサギやニワトリの飼育をしたり、動物園へ遠足にも行ったりと、**②二葉幼稚園でたくさんの経験を積みました。**そんな園生活の中でたくましく成長したわが子を見ると、感謝の気持ちでいっぱいです。

園の将来を祈願

子どもたちは4月から小学校へ進み、園で修得したことが小学校でも生かされることと思います。最後になりましたが、**③二葉幼稚園のご発展をかげながらお祈りしております。**ありがとうございました。

スピーチのマナー

①式典への感謝

まず式典を開いていただいたお礼から始めます。

②印象に残る園生活を具体的にあげる

園生活の中でも印象に残る行事、子どもたちにとって良い経験となったことなどを話します。その話から子どもたちの成長が実感として伝わるでしょう。運動会や遠足での具体的なエピソードを盛り込んでも効果的です。

③園や先生方へ

最後は、先生方の今後のご活躍と園の発展を祈願してまとめます。「先生方や子どもたちのご幸福、そして○○幼稚園のご発展を」とするのも一案です。

卒園・卒業

小学校 PTA会長

卒業式でのあいさつ

TONE さわやかに

卒業生、保護者へのあいさつ

6年生のみなさん、ご卒業おめでとうございます。そして保護者のみなさまにとっても本日は、感慨深い1日となることでしょう。

卒業生へのことば

本日、6年生のみなさんは○○小学校を巣立っていきます。ここでの6年間にみなさんは、①**友だちをつくり、勉強やスポーツに励み、**いろいろな思い出を作ったことでしょう。ときには涙したり、抱き合って喜んだりしながら、ここまで成長してきました。でも、②**自分1人で成長したと思わないでください。**先生方、ご両親やご家族、そして友だちの力があったからこそです。

みなさんは小学校を卒業され、別れ別れになる友だちもいるでしょう。でも、○○小学校の先生方や友だちとの絆《きずな》はいつまでもつながっています。みなさんは、③**決してひとりではないことを忘れないでください。**

贈ることば

本日は、ほんとうにおめでとうございました。

スピーチのマナー

①エピソードを添えて

学校行事でのエピソードを盛り込むと、それぞれの脳裏に思い出がよみがえり、感動的なメッセージとなるでしょう。

②子どもたちの自覚をうながすメッセージを

「成長」をテーマに、多くの人のおかげでここまで大きくなったことを子どもたちに自覚させるようなメッセージを伝えます。

③贈ることば

卒業の門出にふさわしい格言、ことわざなど短くて印象に残ることばを選択しましょう。

中学校 PTA会長

卒業式でのあいさつ

TONE 明るく

卒業生、保護者へのあいさつ

卒業生のみなさん、本日はおめでとうございます。**A保護者のみなさまにおかれましても、大きな区切りの日となることでしょう。** ＰＴＡを代表いたしまして、ひと言ごあいさつを申し上げます。

卒業生へのことば

これから卒業生のみなさんは、それぞれの新しい世界へと旅立っていかれます。人生の中でいまほどエネルギッシュな時期はないでしょう。これはと思うことにどんどん挑戦し、いろいろなものを獲得していけるときです。**①「鉄は熱いうちに打て」というように、** あえて厳しいところにも飛び込んで自分を磨いてください。〇〇中学校で培った力をもって、大きく羽ばたいてほしいと願っています。

保護者への感謝

保護者のみなさまには、**②３年間のＰＴＡ活動にご協力いただきまして、ありがとうございました。** また、お子さんをここまでご立派に育てられたご苦労をお察しいたします。

本日は、誠におめでとうございました。

スピーチのマナー

①卒業生へエールを送る

中学３年生の時期にふさわしいことばに関連させて、新しい世界へ旅立つ卒業生へ贈ることばにします。このキーワードをまず決めてから全体の内容を組み立てると、メッセージが相手に伝わります。

②保護者の労をねぎらう

ＰＴＡ活動への協力をいただいた感謝のことばも欠かせません。また、思春期の子どもを育てる苦労を思いやることばも添えると、より効果的でしょう。

言い換え

A「保護者のみなさまは、卒業生の姿に感慨無量のお気持ちだと思います。」

幼稚園 保護者代表

謝恩会でのあいさつ

TONE しめやかに・・・・

先生へのお礼

園長先生をはじめ、諸先生方、①**本日は思い出に残るすばらしい卒園式をありがとうございました。**保護者一同、みなさまの愛情をあらためて感じました。

園生活を振り返って

3年前、子ども以上に不安を抱えて入園式に臨みました。そのときのことを考えると、本日はほんとうに感謝の気持ちでいっぱいです。先生方は、子どもたちだけでなく、親の私たちも優しく受け入れてくださり、心強く思ったものです。そして子どものしつけや育て方のアドバイスもたくさんいただき、子どもといっしょに成長できたように思います。

私の心に一番響いたのは、②**「お母さん、お子さんを抱きしめてあげてください」**ということばでした。スキンシップの大切さを教えていただきました。

締めのことば

また、子育ての同志となったお母さん方とも出会えた園が、ますます発展することをお祈りして、お礼のことばとさせていただきます。Aほんとうにありがとうございました。

スピーチのマナー

①お世話になった感謝の気持ちを素直に伝える

謝恩会は卒園式後に開かれます。まずは、卒園式のお礼と在園時の感謝の気持ちを伝えましょう。

②在園中の思い出を具体的にあげて

先生方からいただいたアドバイスを具体的に述べると効果的です。また、運動会・遠足・お遊戯会など園の行事で印象に残ったエピソードを盛り込むのもよいでしょう。

言い換え

A「お世話になりました。」

幼稚園 実行委員長

謝恩会でのあいさつ

TONE なごやかに

卒園式のお礼

①実行委員長の川崎から、ひと言ごあいさつを申し上げます。本日は、感動的な卒園式を催していただきまして、卒園児の保護者一同、たいへん感謝しております。ありがとうございました。

列席者へ感謝のことば

また、お忙しいなかを園長先生はじめ、諸先生方に列席いただきましてありがとうございます。保護者のみなさまの多数のご参加にも、感謝いたします。

卒園式の場では、子どもたちが礼儀よくしていた姿を見て、保護者のみなさまもさぞや安堵したことでしょう。私も、わが子が成長したことをあらためて実感させられました。これも、②諸先生方のご指導のおかげだと感謝いたします。

謝恩会を開いた理由

本日は、心ばかりですが、先生方への感謝の気持ちで小宴を設けさせていただきました。③保護者による出し物も用意しておりますので、どうぞごゆっくりお過ごしください。どうもありがとうございました。

スピーチのマナー

①自己紹介を忘れずに

まず、実行委員長としての自己紹介をします。それから卒園式のお礼を述べましょう。

②先生方の指導に対して感謝の気持ちを伝える

卒園式での成長した子どもの姿を率直に話し、先生方の指導の賜物であることにお礼を述べます。入園式と比較すれば、どれほど成長したかがわかります。

③なごやかな雰囲気でもてなす

謝恩会は飲食でもてなすのが一般的です。そのため、なごやかな雰囲気をつくって、先生方にくつろいでいただけるようなフレーズでまとめましょう。

小学校 保護者代表

卒業を祝う会でのあいさつ

お祝いのことば

本日は、子どもたちが無事に卒業できたことに感謝するとともに、卒業生のみなさま、保護者のみなさまにお祝いを申し上げます。

先生への感謝のことば

それにしましても、A6年前に新入学生として登校の校門をくぐった子どもたちが、晴れて卒業の日を迎えられましたのも、①**校長先生はじめ諸先生方のおかげと感謝いたします。**ほんとうにありがとうございました。

運動会や学芸会など思い出はつきませんが、思えば、あっという間の6年間という気がします。それは、どの保護者の方も同じ思いだろうと推察いたします。

卒業を祝う会の次第案内

本日は、②**卒業を祝う会**ということで、テーブルに茶菓を用意しています。どうぞお召し上がりになって、楽しんでいただけたらと思います。実行委員のみなさんの手でゲームや歌などの用意もあるようですので、2時間ほどではございますが、6年間の思い出などをご歓談くださいませ。

TONE 明るく

スピーチのマナー

①教師への感謝のことば
卒業を祝う会といっても、保護者の立場では、先生への感謝のことばがスピーチの根幹になります。

②卒業を祝う会
卒業式とは別に、教師に感謝する謝恩会が行われますが、最近は卒業生・保護者・教師が卒業を祝う会を催す学校が増えています。

言い換え

A「6年前に満開の桜の下で入学を祝った子どもたちが、」

小学校 実行委員長

謝恩会でのあいさつ

TONE 明るく

出席のお礼

これから卒業謝恩会を開催させていただきます。本日はお忙しいなか、校長先生をはじめ諸先生方、職員のみなさま、そして多数の保護者のみなさまに**①ご列席いただきまして、厚くお礼申し上げます。**

卒業式の感想

まだ先ほどの卒業式の余韻が冷めませんが、子どもだけでなく親も感動してもらい泣きするほどすばらしい式でした。

A子どもたちには心に残る思い出となったことでしょう。

6年間の感謝のことば

Bいまこうしていると、みなさまの心のなかにも、６年間の出来事がいろいろ浮かんでいることと存じます。入学式、運動会、春秋の遠足、修学旅行、学芸会、夏休みの宿題など、保護者としてそのときはハラハラ、ドキドキの出来事も、**②思い返すとあっという間だったという印象は私だけでしょうか。**いま、こうして楽しく思い出せるのも、子どもたちを適切に指導し支えてくださった先生のおかげです。どうもありがとうございました。

スピーチのマナー

①出席のお礼

謝恩会は保護者から先生方へのお礼を申し上げる席です。保護者が保護者に出席のお礼を述べるのは本来は不自然ですが、多くの場合、自然に口にされます。

②あっという間の6年間

保護者の実感からでしょうか、「あっという間の6年間」というフレーズは、小学生の卒業式関連のあいさつによく使われます。入学式からの思い出を披露すると共感を得られると同時に、話がまとまりやすくなります。

言い換え

A「子どもたちには一生の宝となる卒業式でした」

B「静かに目を閉じると」

中学校
保護者代表

卒業を祝う会でのあいさつ

TONE 明るく

先生へのお礼

保護者を代表してひと言ごあいさつさせていただきます。

①校長先生はじめ、諸先生方、3年間お世話になり、ありがとうございました。子どもたちが無事に卒業できましたのも、みなさま方のおかげと、あらためて感謝申し上げます。

卒業を祝う会の趣旨

本日は、おごそかに行われた卒業式に続き、卒業生・保護者・先生方で行う卒業を祝う会ですが、②むしろ卒業を楽しむ会という趣向で、実行委員を中心にごちそうを用意しました。卒業生による企画もありますが、先生方にもぜひ歌などをご披露いただきたいと思います。ほかにも、町内会の有志の方がジャズを披露してくださるとのことです。

卒業生へのはなむけのことば

中学を卒業し、それぞれ進路は別々になりますが、③この中学に学んだことを忘れず、これからも精一杯いろいろなことを学び、楽しんでください。簡単ではございますが、A卒業をお祝いするあいさつとさせていただきます。

スピーチのマナー

①先生への感謝のことば

3年間お世話になった先生方に感謝のことばを送りましょう。

②卒業を楽しむ会

卒業を祝うとともに、みんなで会を盛り上げて楽しもうという趣旨のあいさつをします。

③はなむけのことば

卒業しても大いに学び、人生を楽しむようにアドバイスします。

言い換え

A「保護者からのお祝いのことばとさせていただきます」

中学校 実行委員

謝恩会でのあいさつ

TONE なごやかに

列席のお礼

私は卒業対策実行委員の神崎です。①これから謝恩会を開催したいと思います。校長先生をはじめ、各担任の先生、専科の先生、お忙しいなかをご列席いただきありがとうございます。本日は、先生方にごゆっくりおくつろぎいただき、保護者の方々と思い出話に花を咲かせていただきたいと思っています。

卒業式のお礼

先ほどは感動的な卒業式をありがとうございました。子どもたちにとって中学校の3年間は、A心身ともに、おとなに近づく激動の時期だったと思います。

3年間の感謝のことば

その子どもたちを先生方が支えてくださったり、友だち同士で支え合ってこの日を迎えられました。②急速に成長していく子どもたちを、親だけでは支えきれませんでした。保護者一同、みなさまに感謝しております。

本日の会は、保護者からのささやかな感謝の気持ちです。どうぞおくつろぎいただき、楽しい時間をお過ごしください。

スピーチのマナー

①開会のことばを伝える

自己紹介、列席の感謝を盛り込みながら、会のはじまりを告げます。卒業式のお礼をいっしょにしてもよいでしょう。

②子どもの成長ぶりにふれ感謝の気持ちを表す

中学校の時期ならではの成長ぶりにふれ、先生方に支えられて卒業の日を迎えることができたことへの感謝の気持ちを伝えます。

言い換え

A「好奇心や知識欲が急速にふくらみアンバランスな時期」、「さまざまな経験をとおして急速に成長し、自分をコントロールすることが難しい時期」

謝恩会

幼稚園
父母会会長

創立10周年記念式典

TONE
なごやかに

祝辞と自己紹介

本日は、○○幼稚園創立10周年記念式典おめでとうございます。**①父母会を代表いたしまして、会長の田中からひと言、お祝いのあいさつを申し上げます。**

10年を振り返って

○○幼稚園は、私たちの町、緑が丘住宅の開発計画が立ち上がったときから、開園が予定されていました。幼稚園ができるという理由から、この町に住もうと決心した人も多かったと思います。

第1期の卒園生は、もう14歳です。園長先生のお話によると、今でも道ですれ違うと「園長先生!」と呼びかけてくれる中学生がいるそうです。子どもたちにとって、**②この園は心のふるさとのような存在なのでしょう。**

園児に向けて

みなさん、○○幼稚園は好きですか。**③みなさんが卒園しても、いつまでもこの幼稚園を忘れないでください。**

○○幼稚園のますますのご発展をお祈りして、ごあいさつに代えさせていただきます。おめでとうございました。

スピーチのマナー

①代表して祝辞を述べる
父母会を代表して式典のお祝いのことばを述べます。

②10年間の足跡を振り返る
幼稚園の成り立ちから、現在に至るまでの話題で足跡をたどります。卒園生や、地域と連携した行事などのエピソードを盛り込むとより効果的です。子どもたちにとって大切な場所であることもひと言添えるとよいでしょう。

③園児たちへ
幼稚園児でもわかることばづかいでメッセージを贈ります。

小学校PTA会長

創立30周年記念式典

TONE しめやかに

招待と来賓へのお礼

①本日は、○○小学校創立30周年、まことにおめでとうございます。ご来賓のみなさまにはご臨席ありがとうございます。ＰＴＡを代表いたしまして、お祝いのあいさつを申し上げます。

学校の歴史を振り返る

○○小学校は、**②コンピュータ時代がはじまろうとしたときに創立しました。**当時は、新世紀をめざしてさまざまな試みがされて、いろいろな小学校から先生たちが視察に来られていたようです。いまでは、全国の小学校でコンピュータを使った授業が展開され、この学校にも新たにコンピュータ室も設けられています。

児童たちと式典を共感

③在校生のみなさんのなかにはお父さん、お母さんが○○小学校出身だという人がたくさんいらっしゃると思います。そのお父さん、お母さんたちもきょうの日を感慨深く迎えていらっしゃることでしょう。○○小学校のご発展をお祈りいたしまして、ごあいさつに代えさせていただきます。

スピーチのマナー

①列席者に向けて
まず祝辞を述べ、来賓に出席のお礼を言います。自己紹介も忘れないようにしましょう。

②創立時の背景をもとに歴史をたどる
創立された時代を振り返りながら、現在までの学校の歴史をたどります。岐路に立たされたというケースもあるかもしれません。いろいろな出来事を思い返すと、列席者の共感を得られるでしょう。

③児童と式典を共有する
学校側や来賓へ向けたあいさつだけでなく、児童へ向けたメッセージも大切です。最後に、今後の発展を祈願して締めくくります。

周年記念

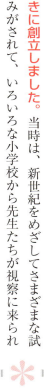

小学校 準備委員長
創立50周年記念式典

TONE なごやかに……

参列者へのお礼

本日は、○○小学校創立50周年記念式典に、**①多くの方々にお越しいただき、まことにありがとうございます。**私は、準備委員長を務めます、加藤と申します。

学校の歴史を振り返る

わが○○小学校は、日本が高度経済成長期を経て明治100年めの1968年に創立しました。**②当時はまだ木造二階建ての学校が多いなか、**鉄筋コンクリートの近代的な校舎が完成し注目をあびたものです。近年では、児童数の減少で学校の統廃合が進んでいますが、○○小学校は健在です。建物は何度か修繕していますが、創立時の面影を残しています。

今日は、創立当時の先生や生徒さんにもご列席いただいておりますす。当時の学校を撮影したフィルムも用意しておりますので、いろいろなお話をうかがいたいと思います。

準備委員へ感謝

③また、本日の式典準備のためにご尽力いただきました先生方、役員のみなさまのご協力を感謝いたします。ありがとうございました。

スピーチのマナー

①主催者側として参列者へお礼を述べる

準備委員は式典を開催する主催者の立場です。参列していただいた方へお礼と自己紹介をします。

②創立当時のエピソードで歴史を振り返る

創立式典では学校の変遷や地域の成り立ちなどの話題がふさわしいでしょう。過去の卒業生の活躍を披露するのも効果的です。

③準備に携わった方に感謝

最後に、準備委員や先生方のご尽力に対して、感謝のことばを述べて締めくくります。

中学校　卒業生代表

創立30周年記念式典

TONE さわやかに

周年記念の祝辞

本日は、○○中学校創立30周年、おめでとうございます。また、**①この記念式典にお招きいただき、ありがとうございます。**私は、第2回の卒業生の宮田と申します。

在学当時の思い出話

私が新設された○○中学校に転入したのは、2年生のときでした。当時の真新しい教室のにおいは今でも忘れられません。ある日、友だちとふざけあっていたのですが、少々暴れすぎまして、教室の窓ガラスを割ってしまいました。先生からこっぴどく叱られ、**②「お前たちが学校の備品を壊した第1号だぞ」と言われたのを覚えています。**そのために今日はお招きいただけたのかもしれません。

当時のなつかしい顔ぶれもそろっているようです。お世話になった先生方もいらっしゃいます。

準備委員へ感謝

また、このように盛大な式典を準備された**③先生方、役員のみなさまのご尽力に、卒業生を代表して感謝いたします。**ほんとうにありがとうございました。

スピーチのマナー

①祝辞と招待のお礼

まず周年記念の祝辞を述べ、式典に招待されたことへのお礼を述べます。自己紹介も忘れずに。

②在学中のエピソードで創立当時に思いをはせる

卒業生らしい創立当時のエピソードを披露するとよいでしょう。自身の失敗談や先輩・後輩たちの誇らしい記録など、参列者が当時をなつかしく思えるような内容がベストです。お世話になった先生方の話題も盛り上がるでしょう。

③式典の尽力者に感謝して締めくくる

最後に、式典を準備した役員や先生方に感謝を述べて締めくくります。

周年記念

幼稚園 父母会会長

運動会はじめのあいさつ

TONE 明るく

はじめのあいさつ

みなさん、おはようございます。

今日は待ちに待った運動会です。A絶好の運動会日和に恵まれましたね。みなさんがよい子でいたから、お願いがお空に届いたのでしょう。

園児たちへ向けて

みなさんの①お父さんやお母さん、おじいさんやおばあさんも応援に来てくれていますね。今日のために一生懸命練習してきた踊りや、かけっこなどの競技で元気な姿を見せてあげてください。いま、みなさんはドキドキしていることでしょう。いつもの力を出してがんばってください。

保護者へのあいさつ

保護者のみなさまも、朝早くからご苦労さまです。お弁当作りなどで大変だったと思います。今日は、②ビデオ撮影もほどほどにして、親子競技に参加して子どもたちといっしょに楽しんでください。また、子どもたちへの応援もよろしくお願いいたします。

それでは、みなさんがんばりましょう。

スピーチのマナー

①みんなが見守っていることを伝える

ドキドキしている子どもたちに、家族みんなが見守ってくれていることを伝えます。園児たちの緊張をほぐすような話題がよいでしょう。

②感謝と協力をお願いする

運動会に来られたことへの感謝と、毎年話題になるビデオ撮影の自粛への協力をお願いします。

言い換え

A「お天気を心配しましたが、快晴に恵まれました」

幼稚園父母会会長

運動会おわりのあいさつ

TONE 明るく・・・・

慰労のことば・・・・ 運動会を振り返って・・・・ 保護者・来賓にお礼・・・・

みなさん、お疲れさまでした。①一生懸命がんばりましたね。みんなよいお顔をしています。お父さんやお母さんたちも、たくさん応援してくれて、力強かったことでしょう。

ウサギ組さんは初めての運動会でしたが、お遊戯やかけっこでとてもがんばりましたね。コアラ組さんの②玉入れは、赤・白接戦でした。もう少し時間が長ければ、どちらが勝ったかわかりません。年長のキリン組さんの障害物競走はとても迫力がありました。さすがですね。

そして、全員参加の綱引きは、見ているほうも力が入りました。今日は赤組が勝ちましたが、白組も力いっぱいがんばりましたね。勝っても負けても、みなさんの笑顔が一番です。

最後まで応援、ご協力をいただいた来賓のみなさま、保護者のみなさまありがとうございました。そして、③子どもたちを指導してすばらしい運動会にしてくださった先生方、ありがとうございました。

スピーチのマナー

①運動会をがんばったことへの慰労

勝っても負けても、子どもたちががんばったことを慰労します。

②具体例をあげる

年小・年中・年長組それぞれのどこがよかったのか、具体例をあげてほめてあげましょう。その中に感想を入れて話すと、親近感がわきます。

③最後に来賓・保護者先生に向けてお礼を

運動会に協力いただいた方々へお礼のあいさつ。先生への慰労も忘れずに。

小学校PTA会長

運動会はじめのあいさつ

TONE さわやかに

はじめのあいさつ

みなさん、おはようございます。①**昨日までの雨がすっかり上がり、気持ちのよい秋晴れに恵まれました。**まさに運動会日和《びより》と言えるでしょう。

児童に向かって激励

今日は、みなさんは赤組、白組に分かれて競い合います。1年生から6年生まで、②**上級生は下級生の面倒をみて力を合わせてがんばってください。**

それぞれの競技の出場選手は緊張して失敗することもあるかもしれません。でも、みんなの応援があれば必ず挽回できるでしょう。練習のときと同じように、がんばっている姿をご家族のみなさんに見ていただきましょう。

来賓・家族にお礼

ご来賓のみなさま、ご家族のみなさま、本日は朝早くからありがとうございます。日ごろから練習してきた子どもたちの力をしっかりご覧ください。また、応援もよろしくお願いします。それではみなさん、③**けがをしないように気をつけてがんばりましょう。**

スピーチのマナー

①天候の話で

屋外行事では、冒頭に天候の話をすると、次へスムーズにつなげます。

②上級生と下級生が力を合わせることの大切さを

1年生から6年生までみんなが団結して競い合うことの大切さを伝えます。また、特に下級生を意識して失敗をしても大丈夫だということを伝えます。

③児童全員に向けて気合を入れる

最後に、児童全員に「がんばろう!」と気合を入れると効果的です。

小学校PTA会長

運動会おわりのあいさつ

TONE さわやかに

おわりのあいさつ

今日はあいにく途中から風が出てきて、競技に影響する部分もありましたが、①最後まで晴天が続いて無事に運動会を終えることができました。みなさん、お疲れさまでした。

運動会を振り返って

赤組のみなさん、優勝おめでとうございます。負けた白組のみなさんのがんばりも目を見張るものがありました。１年生の表現はかわいらしく、２年生の玉入れや３年生の二人三脚は、友だち同士がよく協力し合っていました。４年生の障害物競走や５年生のリレーは迫力満点でした。６年生は難しいエアロビック体操にチャレンジしました。さすがに最高学年の貫禄を感じました。

そして②応援団のみなさん、ありがとうございました。みなさんのおかげで最後まで盛り上がりました。

来賓・家族にお礼

ご来賓のみなさま、ご家族のみなさま、最後までおつき合いいただきありがとうございました。そして、A子どもたちをご指導いただいた先生方もありがとうございました。

スピーチのマナー

①はじめに天候の話を

運動会中の天候の話をして、子どもたちのがんばりを慰労します。

②具体例をあげて子どもにわかりやすく

まず勝者を祝福して、敗者のがんばりもほめます。次に少し長くなっても、各学年の競技の感想を話し、子どもたちの健闘を称えましょう。また、応援団に慰労のことばをかけます。

言い換え

A「今日は、家に帰ったら子どもたちをほめてあげてください」

中学校PTA会長

体育祭はじめのあいさつ

TONE さわやかに

はじめのあいさつ

みなさん、おはようございます。今日は、Ａ残念ながら、くもりがちですが、みなさんの熱気で曇天をふりはらっていただけるよう期待しています。

この会場の飾りつけや、諸々の準備をみなさん方が分担して整えたとうかがいました。①すばらしい会場が出来上がり、中学生ともなるとさすがです。

生徒に向かって激励

数日前から、体育祭に向けて競技の練習をするみなさんの姿を拝見していました。なかでも応援合戦の風景などは、圧巻でした。今日の本番ではどんなにすばらしい応援になるのかと期待しています。ご家族の方々もみなさんの活躍を楽しみにされています。それぞれの力を出し切ってください。

来賓・家族にお礼

最後になりましたが、ご来賓はじめ保護者のみなさま、朝早くからありがとうございます。今日は、②生徒たちの活躍に力いっぱいの声援をお願いします。

みなさん、優勝を目指してがんばりましょう。

スピーチのマナー

①体育祭への期待を具体的に伝える

準備のすばらしさ、練習の成果への期待を具体的に伝えます。各競技の勝敗だけでなく、力を合わせてくり広げる応援に焦点を当てるのもよいでしょう。

②観覧者への感謝とお願い

来賓や家族に向けて、まず感謝を述べ、応援を依頼して締めくくります。最後に、生徒たちへ激励を。

言い換え

Ａ「雲ひとつない晴天に恵まれ」「昨日までの雨がうそのように晴れわたり」

中学校 PTA会長

体育祭おわりのあいさつ

TONE さわやかに

おわりのあいさつ

みなさん、A今日はほんとうにお疲れさまでした。先ほど、結果発表がありましたが、優勝された白組のみなさん、おめでとうございます。惜しくも僅差で敗れた赤組のみなさんもよくがんばりました。

体育祭を振り返って

体育祭の勝敗は二の次です。みなさんがお互いに助け合い、力を出し切ったことが大切なのです。

今日の応援合戦は、全学年が一致団結し、練習をはるかに超えたすばらしい応援でした。①肩を組んで歌い、声援を送り、相手へもエールを送っていたみなさんの熱い心が、見ている私たちにまで伝わってきました。体育祭に臨んでみなさんが学年を超えてはぐくんできた熱い絆《きずな》を、これからさらに深めて②学校生活の中でも生かしてください。

来賓・家族にお礼

最後まで体育祭におつき合いいただいたご来賓、ご家族のみなさまありがとうございました。また、ご指導いただいた先生方もご苦労さまでした。

スピーチのマナー

①体育祭の感想を率直に述べる
生徒たちの姿を見て感じたことを具体例を示して率直に述べることが大切です。少し長くなっても、印象に残った競技についてもふれるとよいでしょう。

②教育的発言も
体育祭の感想を述べたあと、「学校生活に生かす」など、教育的な内容へつなげてまとめると締まります。

言い換え

A「今日はとても楽しませてもらいました。ありがとうございます」

幼稚園
父母会会長

発表会はじめのあいさつ

園児に向けて

みなさん、おはようございます。

今日は、①**みなさんの踊りや劇、そして歌を楽しみにしてきました。**たくさん練習してきた成果を、お父さんやお母さん、そしておじいさんやおばあさんに見せてくださいね。

来場者へ向けて

私事で恐縮ですが、息子の劇の衣装を作るのにたいへんでした。パンダ組のお母さん方にいろいろ教えていただきながらやっと仕上げました。

今日の発表会は②**保護者も参加して準備してきましたので、**子どもたち以上に私たちが緊張しています。ご来場のみなさま、どうぞ最後まで子どもたちの演技や演奏をお楽しみください。

先生にお礼

最後になりましたが、③**こんなにすてきな会場を作ってくださった先生方に感謝します。**子どもたちにとってこの舞台に上がったことがいい思い出となって残ることでしょう。ありがとうございます。

TONE
やさしく

スピーチのマナー

①園児たちに語りかけるように

発表会では、子どもの緊張をほぐすようにやさしく語りかけましょう。

②保護者へのねぎらい

子どもたちの衣装などは、保護者が準備することが多いので、ほかの保護者へのねぎらいのことばがあるとベスト。みんなで準備した苦労話やエピソードを盛り込みます。

③先生への感謝を忘れずに

会場の設営などを行ってくれた先生方に感謝の気持ちを伝えましょう。

幼稚園父母会会長

発表会おわりのあいさつ

TONE 明るく

園児に向けて

みなさん、今日はとてもがんばってくれましたね。みなさんの劇や踊りはどれもすてきでした。歌もじょうずに歌えましたね。お父さんもお母さんも、みなさん驚いていましたよ。①**ありがとうございます。**

発表会を振り返って

子どもたちの演技を見る前は、ハラハラ、ドキドキの連続でした。でも、②**みんな役になりきって演じ、音程もしっかりしていて、日ごろの子どもと比較して感心しました。**それは私だけではないでしょう。どの保護者の方も、発表会の準備の苦労が吹き飛んだと思います。

今日、保護者のみなさんは家に帰ったら子どもたちをほめてあげてください。そして私は、これから家でも踊りや歌をリクエストして楽しませてもらいたいと思います。

先生にお礼

最後になりましたが、園長先生はじめ諸先生方、ここまで③**ご指導いただきまして感謝しております。**子どもたちの成長は想像以上でした。ありがとうございました。

スピーチのマナー

①子どもたちにお礼を
出し物の感想を述べ、出演した子どもたちにお礼を言います。「ありがとう」のひと言で、子どもたちは自信がもてるでしょう。

②保護者に向けて素直な感想を述べる
発表会を見て素直な感想を述べ、ほかの保護者たちと共感します。このとき、自分の子どもだけを自画自賛するのはマナー違反。

③先生へ感謝の気持ちを
先生方へのお礼は、最初に言っても大丈夫です。

小学校 PTA会長

音楽会はじめのあいさつ

TONE さわやかに

はじめのあいさつ

今日は、①音楽会にお招きいただきまして、ありがとうございます。どんな楽曲を聴かせてもらえるのか、楽しみにしています。

見どころを案内

今日までみなさんは、休み時間を返上して練習をしてきたと聞いています。②1、2年生は合唱を、3年生はリコーダーを、4、5年生は伝統楽器に挑戦し、6年生は複雑な曲目にチャレンジしているそうです。きっとみなさんの気持ちがひとつになって、美しいハーモニーを奏でてくれることでしょう。

みなさんのご家族の方といっしょに、合唱や演奏を聴かせていただきたいと思います。

保護者に向けて

そして保護者のみなさま、ご自宅でもお子さんが楽器の練習をしていたのではないでしょうか。その晴れの舞台を楽しみにいらしたと思います。ご自分のお子さんだけでなく、③児童全員を温かく見守り、惜しみない拍手をお願いします。

スピーチのマナー

①招待へのお礼

はじめのあいさつとして、子どもたちに向けて招待へのお礼を述べます。

②来場者に見どころを案内

特筆すべき演目をピックアップして紹介。会場に集まった保護者や家族にとって見どころ案内がわりとなります。子どもたちが一生懸命練習してきたことも加えて、来場者に期待してもらうことも大切です。

③保護者にお願いを

保護者に向けて、子どもたちへのエールをお願いします。

小学校 PTA会長

学芸会おわりのあいさつ

TONE 明るく

おわりのあいさつ

みなさん、すばらしい演技の数々を見させていただき、①**感動しました。**ありがとうございました。

学芸会を振り返って

みなさんの耳にも届いたと思いますが、どの演技にも大きな拍手がありました。1年生も2年生もしっかり自分の役になりきってすばらしかったです。3年生は難しい歴史ものを立派にやりとげ、4年生はコミカルな劇で楽しませてもらいました。そして、5年生と6年生は合同で創作劇に挑戦し、もらい泣きしてしまう場面もあったほどです。

どの学年も、ほんとうにすばらしい演技でした。また、②**大道具や小道具、衣装も見ごたえがあって、**デザイン賞を差し上げたいほどです。みなさんが力を出し合って一つの舞台を作り上げたこと、③**みんなで協力すれば何でもできることを忘れないでください。**

先生にお礼

最後に、子どもたちを見守り、ご指導いただいた諸先生方にお礼を申し上げます。ありがとうございました。

スピーチのマナー

①子どもたちを慰労

まず、がんばった子どもたちをほめてあげましょう。

②演技だけの評価にならず全体への気配りを

学芸会の場合、演技の感想に偏りがちです。舞台は大道具・小道具、衣装、照明などいろいろな役割を子どもたちが担っています。それらの感想も忘れずに述べましょう。具体的にほめることが効果的です。

③教育的なことばも効果的

率直な感想を述べながらも、教育的なことばでまとめると効果的です。

中学校 PTA会長

合唱コンクールのあいさつ

TONE さわやかに

はじめのあいさつ

日々、①空が秋色に染まってきました。この季節になると、人恋しくなって童謡や旅情豊かな歌が聴きたくなるものです。今日は、みなさんの歌声を聴かせていただくのを楽しみにまいりました。

生徒への期待

今年はどの学年、どのクラスが優勝するでしょうか。プログラムを見ると、クラシックをポップス調にアレンジしたもの、童謡のメドレーなど、②想像するだけでワクワクしてきます。みなさんは、休み時間や放課後にも集まって練習を重ねてきたと聞いています。その成果をぞんぶんに発揮してくださることを期待しています。

合唱のすばらしさ、クラスのチームワークのよさを会場に集まったご家族のみなさん、そして審査員に教えてください。

来賓・家族にお礼

また、お忙しいなかを多くの保護者のみなさまにお集まりいただき、ありがとうございます。生徒たちの歌声を聴いて、③芸術の秋を満喫しましょう。

スピーチのマナー

①時候の話でスピーチをスムーズに

時候の話から入るとスムーズに進められます。

②プログラムを活用して期待感を伝える

事前に用意されたプログラムの内容を引用しながら、具体的に期待感を伝えると効果的です。プログラムがなければ、自分の思い出話を披露してもよいでしょう。

③ざっくばらんに

堅苦しい式典ではないので、いっしょに楽しもうというスタンスで大丈夫です。

中学校 PTA会長

文化祭おわりのあいさつ

TONE 明るく

おわりのあいさつ

今年のテーマは「共生――高齢者も元気になる町づくり」でした。**①私たちおとなが考えつかないアイデアがいっぱいの展示や、心温まる出し物**を拝見しました。どれも興味深く、みなさんのパワーをたくさんいただいたように思います。ありがとうございました。

文化祭を振り返って

みなさんが描く町づくりは、どれもしっかりした考えに基づいていました。**②将棋クラブの活動の日に、学区の高齢者を招待しようというアイデアも抜群です。**園芸部は自分たちが育てた鉢植えを配る活動もすでに実行しています。また「○○商店街、改造計画」という劇は、3年生のみなさんが高齢者の方々に取材して劇にまとめた労作でした。

みなさんが提案してくださったことは、地域に住む私たちも協力して進めていきたいものです。

締めのことば

今日は、みなさんの町を思う心に感動しました。すばらしい文化祭をありがとう。そして、**③お疲れさまでした。**

スピーチのマナー

①まずは総論的感想を

生徒たちを慰労する意味で、総論的な感想を率直に述べます。「工夫を凝らした展示」「パワフルな出し物」など。

②展示や出し物の感想を

おわりのあいさつでは、行事の具体的な感想を入れることが定番。①の総論から具体論へ展開していくスタンスでまとめましょう。

③最後を締めるスパイス

スピーチを締めくくることばとして、「ありがとう」「お疲れさま」はスパイスのように効果的です。

幼稚園父母会会長

プール大会はじめのあいさつ

TONE やさしく

園児に向けて

みなさん、こんにちは。

今日は、みなさんのプール遊びをお父さんやお母さん、そしておじいさんやおばあさんが見せてもらいにきました。①**ゲームもあるようですから、**がんばって参加してくださいね。

今日はプール日和に恵まれ、みなさまも子どもたちが成長した姿を楽しみに来られたことでしょう。水が苦手なお子さんをお持ちのご家庭では、お風呂で水に慣らそうといろいろ工夫してきたことと思います。

参観者へ向けて

でも、今日は子どもたちが楽しくゲームや競技に参加することが一番だと思います。②**浮き輪を使う子、まだ泳げないけれど顔を水につけられるようになった子**もいるようです。そんな子どもたちに温かい声援を送ってあげてください。

先生にお礼

最後に、どの子も参加できる③**プール大会を企画してくださった先生方に感謝します。**1人ひとりの子どもを見守ってくださって、ほんとうにありがとうございます。

スピーチのマナー

①子どもの気持ちに寄り添うように

プール遊びに不安をもっている子もいます。面白そうと思ってもらえるようなことばを選びましょう。

②保護者に安心感を

「うちの子は…」と不安に思っている保護者も多く、いろいろな子がいることを伝えて安心してもらいます。

③先生方の企画に感謝

ほかの子といっしょにプール遊びをする機会を作ってくれた先生へ感謝を。

小学校 PTA会長

マラソン大会はじめのあいさつ

児童に向けて

みなさん、おはようございます。

今日は①少々くもり気味ですが、マラソンには絶好の天気となりました。みなさんの健脚を期待しています。

これまで体育の時間や休み時間に校庭を走って、マラソンの足慣らしをしてきたと思います。今日は、練習で走っていた距離より長い距離を走る学年もあるようです。いま不安に思っている人もいるでしょう。

大会の目的をアピール

もしも、途中でしんどくなったら、無理をしないで歩いてください。それでも最後まで走りぬくことが大切なのです。マラソン大会は全員が参加して、②みんなが完走することが目標です。足に自信がある人でも、自分のペース配分を考えて走らなければ、途中でダウンすることもあります。

児童を激励

タイムや勝負にとらわれず、マラソンを楽しみましょう。また、あまり張り切りすぎてけがをしないように気をつけてください。③さあ、がんばっていきましょう。

TONE はつらつと

スピーチのマナー

①導入部で天気の話を

屋外の行事の場合、まず天気の話をすると進めやすいでしょう。「心地よい風がふいて」「晴れわたり」など。

②勝ち負けではない大会の目的を伝える

子どもたちは勝ち負けにこだわってしまいがちです。しかし、マラソンの場合は完走することが大事だということを伝えましょう。

③子どもたちへエールを

最後に、子どもたちを激励することばでエールを送ります。けがの注意喚起も忘れないようにしましょう。

小学校 部活保護者

サッカー大会出場激励あいさつ

壮行のあいさつ

大会へ送り出すことば

コーチへのお礼

みなさん、おはようございます。

この1年、みんなが目標にしてきた○○地区大会の日がきました。昨年は、**①惜しくも準々決勝で敗れてしまいましたが、**あれからハードな練習にも耐えて、今日を迎えることができました。

今年も強豪チームが顔をそろえるでしょう。でも、**②鬼コーチの特訓をこなしてきたみなさんですから、**自信をもってください。ときどき練習を見ていましたが、昨年よりはるかにチームワークもよく、1人ひとりの動きも機敏になっています。みんなが力を合わせて、日ごろの練習の成果を出せれば、どんどん勝ち進んでいけるでしょう。

そして三澤コーチ、**③子どもたちをたくましく育ててくださり、ありがとうございます。**今年は期待できそうです。保護者会も子どもたちに負けないように応援させていただきます。それでは、みなさんがんばってください。

スピーチのマナー

TONE はつらつと

①昨年の成績はさらりと

大会に臨む意気込みを述べます。このとき、昨年の成績が良くても悪くてもさらりと流しましょう。

②子どもたちに自信をもたせる激励のことば

元気よく試合に送り出すために、自信がもてるような激励をしましょう。具体的に力がついた点を話すと、より効果的です。

③コーチへ感謝の気持ちを伝える

指導してくれたコーチに感謝し、チームへの期待を述べます。

中学校 PTA会長

女子ソフトボール部県大会出場

TONE 明るく

壮行のあいさつ

女子ソフトボール部のみなさん、①県大会出場おめでとうございます。みなさんの努力が実を結び、今日の日を迎えることができました。

大会へ送り出すことば

わが校の女子ソフトボール部は、創部以来、あまり成績はふるいませんでした。ところが、顧問の川上先生がいらしてからは、厳しいご指導とみなさんの努力で、県大会に出場するまでになりました。

３年生のみなさんは、この大会を最後に退部されます。②悔いが残らないように完全燃焼し、一戦でも多く勝ち進んでくれることを願っています。また、１年生、２年生のみなさんは、先輩の活躍ぶりをしっかり目に焼きつけて、次のレギュラーを目指してがんばってください。

締めのことば

ＰＴＡでも、みなさんが気持ちよく試合ができるように、部員のみなさんと③最後まで応援したいと思います。いつもの力を発揮して、がんばってください。

スピーチのマナー

①県大会出場を祝う
まずは、出場を祝い、選手たちの功績をほめます。

②プレッシャーを与えないように励ます
中学の県大会は3年生最後の試合です。プレッシャーをかけないように激励します。また、レギュラーに選ばれなかった生徒へも声をかけましょう。

③応援を約束
同行する保護者も最後まで応援することを約束します。最後に、「がんばれ！」で締めましょう。

幼稚園 父母会会長

七夕まつり

TONE やさしく

はじめのあいさつ

みなさん、こんばんは。

今日は、浴衣《ゆかた》を着ているお友だちが多いですね。色とりどりの短冊のように、お庭が華やかになりました。①空にはたくさんのお星様が光って、みなさんを見守ってくれています。

園児に向けて

みなさんは、七夕の日がどんな日か知っていますか。織姫と彦星が1年に1度会う日ですね。笹の葉にお願いごとを書いた短冊を飾っておくと、お願いをかなえてくれるそうです。②みなさんはどんなお願いをしたのでしょう。

今日は、先生たちがいろいろなゲームを用意してくれました。お父さんやお母さんといっしょに挑戦しましょう。おやつも食べてくださいね。それから、みなさんで七夕の歌をうたってくれるそうですね。楽しみにしています。

先生・保護者にお礼

最後に、準備をしてくださったA諸先生方、手伝ってくださった保護者のみなさま、ほんとうにありがとうございました。それでは、時間まで楽しんでください。

スピーチのマナー

①七夕らしさを演出

「星」「短冊」などのキーワードで時候のあいさつを。七夕らしい演出を心がけましょう。

②子どもたちへ話しかけるように

七夕とはどんな日か問いかけたり、「お願いごとは書きましたか」と語りかけたりと、子どもたちの興味がわく内容でまとめます。園児たちの出し物への期待も。

言い換え

A「先生方をはじめ、準備をしてくださった保護者のみなさまに感謝いたします」

クリスマス会

幼稚園父母会会長

TONE 明るく

はじめのあいさつ

みなさん、メリークリスマス！

今日は待ちに待ったクリスマス会です。残念ながら、雪は降っていませんが、①お部屋の中はすっかり雪景色ですね。

それにお部屋がとてもきれいに飾られています。このいろいろな飾りはみなさんが作ったと聞きました。大きなクリスマスツリーの飾りも作ったそうですね。とてもよくできています。

園児たちに向けて

②みなさんのお父さんやお母さんも驚いていました。

今日は、お友だちといっしょにケーキを食べて、楽しく過ごしましょう。あとでお遊戯をしたり、お歌もうたってくれるそうですね。いまからとても楽しみです。きっと、お家に帰るとすてきなプレゼントが待っていることでしょう。

先生・保護者にお礼

最後になりましたが、子どもたちを指導してくださった諸先生方、準備を手伝ってくださった保護者のみなさまに感謝します。③ほんとうにありがとうございます。

では、みなさん時間まで楽しみましょう。

スピーチのマナー

①時候の話題でクリスマスらしさを

季節的なあいさつをしてなごやかにスタートしましょう。

②子どもたちをほめ会への期待を述べる

準備を子どもたちも手伝ったことをちゃんとほめてあげましょう。いちばん身近な保護者の感想などを入れると効果的です。具体的に何が行われるのかを子どもたちに話しかけながら、会への期待感を高めます。

③先生、保護者へお礼を

子どもたちを指導してくれた先生、協力してくれた保護者へのお礼は欠かせません。最後に、会を盛り上げることばで締めましょう。

小学校 学童保護者

夏のバーベキュー

TONE はつらつと

はじめのあいさつ

みなさん、こんにちは。

今日は晴天に恵まれて、野外バーベキューには最適ですね。保護者のみなさん、①**お忙しいなかを参加してくださり、**ありがとうございます。日ごろあまりかまってあげられないぶん、今日は子どもたちと思いきり楽しみましょう。

子どもたちへ向けて

これから②**みなさんにもバーベキューの準備を手伝ってもらいます。**何組かに分かれて行いますが、それぞれ担当を決めて、てきぱきと動いてくださいね。それから、今日は学童の先輩たちも参加しています。彼らは経験者ですから、わからないことがあればどしどし質問してください。

保護者のみなさんも、ご自分のお子さんだけでなく、ほかの子どもたちの指導もお願いします。

野外での諸注意

最後になりましたが、③**くれぐれもけがをしないようにしてください。**虫よけスプレーも用意していますので、必要な人は声をかけてください。では、始めましょう。

スピーチのマナー

①保護者に対して参加への感謝を述べる

まず、時候の話題を入れながら、忙しいなか時間を作って参加してくださった保護者へお礼を述べます。

②どんなことをするかを子どもたちに知らせる

バーベキューはみんなで準備をすることに醍醐味があります。具体的に説明したり、保護者に自分の子どもだけでなくほかの子どもたちへの指導をお願いします。

③注意事項を伝える

野外であることを意識して、注意事項をきちんと伝えておきましょう。

小学校
学童保護者

餅つき大会

TONE 明るく

はじめのあいさつ

みなさん、こんにちは。本日は、①**お寒いなかをたくさんの人に集まっていただきました。**ありがとうございます。これから恒例の餅つき大会を始めたいと思います。

子どもたちへ向けて

みなさん、今年は臼《うす》と杵《きね》を借りてきました。去年までは機械でついていましたが、今年は手ごわいですよ。②**みんなで順番に杵を持ってお餅をつきます。**鏡餅も作る予定なので、みなさんがんばってくださいね。

それから、ついたお餅はちぎって丸めて、たくさんの小さなお餅を作ります。杵でつくのがたいへんだと思う人は、こちらを手伝ってください。

保護者へお礼とお願い

保護者のみなさま、③**たいへんな準備をありがとうございました。**これから童心に返って餅つきを楽しんでください。でも、子どもたちにいいところを見せようと、無理をしないようにお願いいたします。みなさんで交替しながら、けがのないようにがんばりましょう。

スピーチのマナー

①参加者に感謝の気持ちで

時節がら寒さが厳しいなかを参加してくださった全員に向けてあいさつします。「雪模様のなかを」など。

②具体的に何をするかを伝える

餅つきの手順をわかりやすく説明し、どんなことをするかを子どもたちにしっかり伝えます。期待をもたせるようなことばかけがあるとよいでしょう。

③保護者へ感謝しつつお願いする

たいへんな準備をしてくれた保護者へのお礼のことばは欠かせません。同時に、無理をするとけがにもつながるので、無理をしないようにお願いしておきます。

小学校 PTA会長

開校式典でのあいさつ

TONE さわやかに

列席者全員に向けて

教育委員会をはじめ、先生方ならびに保護者のみなさま、そして児童のみなさん、①**本日は○○小学校の開校式おめでとうございます。**PTAを代表いたしまして、ひと言ごあいさつを申し上げます。

新しい学校への期待

▽▽市の学校再編整備計画によって、□□小学校と△△小学校が統合され、新しい○○小学校が誕生しました。2つの小学校がなくなったことは寂しい限りですが、②**新しい学校には新たな出会いがあり、**児童のみなさんも期待に胸を膨らませているのではないでしょうか。

本日は、新しい校歌や校章も披露されることになっています。今日から先生方といっしょに児童のみなさんが○○小学校の歴史をつくっていかれるわけです。PTAの保護者一同も協力を惜しみません。

締めのことば

最後になりましたが、○○小学校のAこれからの飛躍を期待して、あいさつに代えさせていただきます。

スピーチのマナー

①全体に向けて祝辞を
列席者全員へ開校式典の祝辞を述べます。

②新しい学校への希望をわかりやすく伝える
不安を抱えている児童もいることを考え、新しい学校でどんなことができるのか、希望がもてるようなスピーチをしましょう。

PTA代表として、先生方や児童たちといっしょにいい学校にしていこう、というメッセージを伝えます。

言い換え

A「今後の発展をお祈りし」

中学校 PTA会長

閉校式典でのあいさつ

TONE しめやかに……

列席者全員に向けて

ご列席のみなさま、A○○中学校の閉校式に臨み、PTAを代表してひと言ごあいさつを申し上げます。

学校の歴史を振り返って

わが校は本日、70年の歴史に幕を閉じます。①これまで多くの生徒が巣立っていきました。実は、私もその1人です。みなさんの中にはお父さんも、お母さんも、そしておじいさんやおばあさんも○○中学校を卒業したという人がいるのではないでしょうか。そんな歴史ある学校がなくなってしまうことはとても悲しいことですが、みなさんには新しい学校が待っています。

生徒たちへのエール

みなさんは、4月から△△中学校へ通うことになります。そこでは新しい友だちがたくさんできることでしょう。②○○中学校で学んだ自信と誇りと勇気をもって、いろいろなことに挑戦していってください。

最後になりましたが、お世話になった諸先生方、保護者のみなさま、ほんとうにありがとうございました。

スピーチのマナー

①学校の歴史を伝えるエピソード

学校の歴史を誇ります。その中で振り返るばかりではなく、生徒たちに新しい学校へ希望がもてるようなメッセージも伝えます。

②生徒たちへのエールと学校への感謝で締める

生徒たちの未来を祈りながらエールを送るとともに、学校、先生方や保護者へのお礼を忘れずに。

言い換え

A「長い歴史を誇る○○中学に感謝の気持ちを込め」

小学校 PTA会長

新校舎落成記念式典

TONE 明るく

はじめのあいさつ

教育委員会の方々をはじめ、先生方ならびに保護者のみなさま、そして児童のみなさん、**A本日は新校舎の落成おめでとうございます。**PTAを代表いたしまして、ひと言お祝いを述べさせていただきます。

新校舎の感想

本日、新しい校舎に入りまして、そのすばらしさに目を奪われました。まるでホテルのように広々としていて、教室や机も、これまで抱いていた学校のイメージからほど遠く、ここで学べる子どもたちをうらやましく思いました。

また、聞くところによると耐震性も高く、災害時のことがよく考えられているようです。①子どもを通わせる保護者一同、とても喜んでおります。

関係者へお礼のことば

これはひとえに教育委員会をはじめ、工事関係者の方々、自治体の方々の②ご尽力があったからこそです。みなさまの支援に感謝するとともに、○○小学校の発展をお祈りして、お祝いのことばとさせていただきます。

スピーチのマナー

①保護者の代表として感謝の気持ちを伝える

完成した新校舎の感想を述べるとともに、保護者の目で見たときの感想も盛り込むとよいでしょう。

②関係者への配慮を

新校舎完成までにはさまざまな機関、人がかかわっています。式典にも列席しているはずですから、その方々への感謝のことばも忘れないようにしましょう。

言い換え

A「待望の新校舎ができました。誠におめでとうございます」

第4章

PTA行事でのあいさつ・スピーチ

司会者
PTA

年度はじめ総会でのあいさつ

TONE てきぱきと

出席のお礼と自己紹介

A 本日は、お忙しいなかを多数のみなさまにご出席いただき、ありがとうございます。これより、○年度PTA総会を開催いたします。わたくしは本日の司会を務めさせていただきます小泉です。よろしくお願いいたします。

総会成立の報告

当PTAの会員数は642名。本日出席されている会員のみなさまが148名。委任状が456ですので、当総会はPTA会員規約により成立することをまずご報告いたします。

進行の予定

①本日の進行について簡単にご説明いたします。まず、前年度の活動報告と決算報告の審議・承認、今年度の活動計画ならびに予算の審議・承認を行っていただいたあと、新年度本部役員、専門委員の承認をいただきます。

議長の選出

まず、議長の選出を行いたいと思います。立候補がなければ、会長の山崎さんにお願いしたいと思いますが、よろしいでしょうか。②ただいまの拍手をもって承認とさせていただきます。

それでは、議長、議事進行をお願いいたします。

スピーチのマナー

①本日の進行予定を示す
はじめての保護者もいるので、PTA総会の式次第を簡単に説明します。終了予定の時刻を案内すると親切です。

②拍手で採決をとる
議長選出は異議が出ることは少ないので、時間節約のため拍手をもって承認とさせてもらってもよいでしょう。

言い換え

A「本日は、年度はじめの忙しいなか、多くのみなさまに出席いただき」

PTA会長

会長就任のあいさつ

TONE 落ち着いて・・・・

自己紹介

みなさん、こんにちは。ただいまご承認をいただき、○年度のＰＴＡ会長を務めさせていただくことになった、溝口玲子です。大勢のみなさまの前でドキドキしているのですが、ご指名をいただきましたので、ひと言、**①みなさまへのお願いをかねて、ごあいさつ申し上げます。**

会長として抱負

みなさんご承知のように、昨年来、この町で子どもを狙う犯罪が多発しています。いちばん大事な子どもの安全を確保するために、先生方、保護者のほか関係各機関と協力し、②**子どもたちが自由に遊べる環境を整えたいと考えています。**

保護者のみなさまには、前年度同様、安全パトロール、声かけ運動などのご協力を引き続きお願いいたします。

協力のお願い

子どもたちの安全対策だけでなく、ＰＴＡ活動全般につきまして、お力添えをいただかなくてはとても進められません。**Ａ微力ながら務めさせていただきますので、**どうかご協力のほどよろしくお願いいたします。

スピーチのマナー

①みなさまへのお願い

全員で協力しPTA活動を盛り上げていこう、という意思を示すために、「お願い」をあいさつの柱にする実例です。

②今年度の活動指針を述べる

会長として、何を優先し、どんな活動をしていくかアピールし、協力を仰ぎます。

言い換え

Ａ「至らないところも、いろいろあると思いますが」

PTA会長

臨時総会でのあいさつ

開催の説明

①**いま司会の方からお話があったとおり、**当校の上級生の男子の数人が、中学生らしき3人組にお金を脅しとられる事件がありました。すでに島田校長から教育委員会と警察にご連絡いただき、商店街などの警備を強めるよう要請していただいています。まだ暴行を受けたという報告がないのが幸いですが、このまま放置すれば傷害にまで発展しかねません。Aそこで、みなさまのご意見を賜り、あわせて警備等のご協**A**力をいただきたいと臨時総会を開催いたしました。

意見の整理

（さまざまな意見）

これまでの意見をまとめますと、「盛り場は保護者と行く」「保護者が行う土日、夜間のパトロールを強化する」「近隣の中学校に協力を依頼する」などが多数です。以上のご意見をPTAより各保護者、学校側に要請したいと思います。

協力のお願い

②**それでは、学級委員、地区委員のみなさまはパトロール表の作成を急いでください。**よろしくお願いいたします。

TONE てきぱきと

スピーチのマナー

①緊急の場合は前置きは省く

定期総会と違い、緊急の議案で開かれることの多い臨時総会。前置きは省き、すぐに議題に入ったほうが、緊張感が伝わります。

②各委員への指示

各委員へのお願いですが、緊急の要件なので、この場合は会長らしい威厳のある態度を示してもよいでしょう。

言い換え

A「そこで、みなさまのお知恵を拝借し、」

PTA会長

会長退任のあいさつ

TONE 落ち着いて

協力のお礼

「最後のごあいさつを」というご指名ですので、①**ひと言お礼を申し上げます。**お受けする前、会長という大役が務まるかとても不安でしたが、どうにか新しい会長さんにバトンタッチすることができました。これも各委員をはじめ保護者のみなさまのおかげです。あらためてお礼を申し上げます。

会長としての感想

就任期間中に、当校の50周年記念事業があり、②**とても忙しく大変な面はありましたが、逆にやりがいのある1年でもありました。**振り返ると、徹夜で記念誌の編集に携わるなど、なかなかできない経験をさせていただいたと、感謝の気持ちでいっぱいです。

新会長への引き継ぎ

新会長の山本さんは、50周年記念事業ではとくに力を発揮された方で、わたくしをはじめ、役員全員が推薦させていただきました。今年度は記念事業はありませんが、広報誌のリニューアル化など多くの懸案があります。**A山本さんならではのセンスで**PTAの運営をよろしくお願いいたします。

スピーチのマナー

①まず協力のお礼をする

退任のあいさつは会長職の感想を述べますが、「協力へのお礼」を柱にすると、謙虚なあいさつにまとめられます。

②やりがいのある1年だったことを強調

忙しかった面だけに触れると「グチ」のように聞こえるので「やりがいがあった」面を強調しましょう。

言い換え

A「○○さんらしい温かい人柄をもって」

PTA総会

PTA会長

新会長への就任依頼（電話）

就任のお願い

こんにちは。ＰＴＡ会長の福田です。稲川さんには、日ごろ広報委員として活躍いただきありがとうございます。

今日、お電話を差し上げたのは、来年度の会長につきまして、稲川さんにぜひお引き受けいただきたいと希望しているのですが、①お考えいただけないでしょうか。

推薦の理由

日ごろの仕事ぶりを拝見いたしまして、Ａこの方なら○○小学校のＰＴＡを引っ張っていっていただけるだろうと確信いたしました。わたくしだけでなく、役員のみなさん揃って稲川さんがふさわしい、とおっしゃいます。

再度のお願い

お聞きすると、常勤のお仕事がおありとのことですが、わたくしも、わたくしの前の会長も同様でした。副会長や各委員の方の協力をいただいて、なんとか務めることができましたから、②稲川さんを中心にした「チーム稲川」で、1年間を乗り切っていただけないでしょうか。即答はご無理かと思うので、来週までにご返事をください。

TONE 真剣に

スピーチのマナー

①考慮のお願いをする

「就任ください」の依頼に、「はい、オーケー」というケースはまれです。まず、考えてください、とお願いするところからスタートします。

②相手の負担を軽くすることば選びを

「1人ですべて責任を持つ」という印象を持たれないように説得するのが成功のカギです。

言い換え

A「この方ならリーダーとしてふさわしいだろう」

PTA会長

新役員への就任依頼（面談）

就任のお願い

ＰＴＡ会長の磯村です。今日、学校にお越しいただいたのは、来年度の本部の書記をお引き受けいただきたいと思ったからです。本年度は１年間、保健委員を務めていただきありがとうございました。**①みなさんからお聞きすると、とてもてきぱきとした仕事ぶりとのことでした。**

そこで、来年度はぜひ本部役員になって、ＰＴＡを盛り上げていただきたいのですが……。

事情への理解

②小さなお子さんがいらっしゃって、なかなか時間がとりにくいと思います。ご無理は承知なのですが、来年度の会長をお引き受けいただく山内さんが、ぜひ千葉さんに本部役員に入っていただきたいとおっしゃっているので。千葉さんが手伝ってくださると、卒業していくわたくしたちも安心です。

子どものために

ＰＴＡは結局、子どもたちが元気よく、健やかに育つようにお手伝いする会です。お子さんのためとお考えになって、**Ａぜひお助けください。**

TONE　真剣に

スピーチのマナー

①過去の仕事ぶりをほめる

なぜ役員をお願いするか推薦の理由を明確にするためにも、相手の仕事ぶりをほめます。

②事情への理解を示す

だれにでも、役員を引き受けにくい事情はあるものです。アタマから「そんな事情はたいしたことない」と否定したら、話がはじまりません。いったん理解を示して、徐々に説得するのがコツです。

言い換え

Ａ「ぜひ、ＰＴＡ活動を支えてください」

役員依頼

PTA会長候補

新会長就任の受諾（面談）

承諾の返事

先日、福田会長から新会長のご推薦のお電話をいただいた稲川です。**①今日は、会長就任の件をお引き受けしようと思い、まいりました。**いろいろ悩みましたが、わざわざ福田会長からお電話をいただき、おほめのことばまで頂戴し、1年間がんばってみようと決意いたしました。

謙虚な姿勢

ただ、福田会長を拝見していましても、とてもハードな仕事だと拝察いたします。**Aわたくしにできるか、自信はないのですが、**役員みんなで協力して運営するとよい、というアドバイスをいただいたので、スッと楽になった気がします。なんとかやれそうに思えてきたので、こうしてお返事を持ってまいりました。

今後の決意

福田会長にはとても及びませんが、○○小学校の発展のために微力を尽くしたいと思います。まだ新年度がはじまるまで時間があるので、**②ぜひ、いろいろお教えいただきたいと思います。**よろしくお願いいたします。

TONE まじめに

スピーチのマナー

①結論を先に述べる
返事をする場なので、まず結論を伝え、理由をあとから述べるほうが相手には親切です。

②助力を願う
推薦してくれた方に助力をお願いすることで、謙虚な姿勢を示します。

言い換え

A「とてもわたくしには無理だと思うのですが……」

PTA役員候補

役員依頼への断り（電話）

TONE まじめに

断りの返事

先日、お電話いただいた本部役員のお話ですが、①**お断りできないでしょうか。**いろいろ考えましたが、やはり来年度はむずかしい、というのが正直な気持ちです。せっかくのお話をお断りするのは、ほんとうに心苦しいのですが、お引き受けしても、十分に働けないのでは、**A逆にみなさまにご迷惑をおかけすると**思いました。

理由の説明

ご承知のように下の子がまだ小さく、そのうえ夫の母が入院するといったこともありました。どうも、容体が安定せず入院が長引きそうなのです。ですから、夫の実家に行き来しなければいけない状況が予想でき、今回はお断りするしかないと考えました。

期待に応えられない謝罪

まだうちも卒業まで2年あります。義母の容体もよくなれば、②**再来年はお引き受けできると思います。**わざわざPTA会長に声をかけていただき、申し訳ないのですが、来年度はどうかご容赦ください。

スピーチのマナー

①断りはお願いの口調で
「お断りします」だとカドが立ちます。「お断りできないか」とお願いの口調で話すと、丸くおさまります。

②代案を申し出る
「再来年は受ける」など代案を申し出ると、せっぱつまったこちらの事情が理解してもらいやすい。

言い換え

A「みなさんの足手まといになってもいけないと」

役員依頼

PTA司会

運営委員会でのあいさつ

開会のことばと自己紹介

ただいまより、○○年度、第1回の運営委員会を開催いたします。本日はお忙しいなかをお集まりいただき、ありがとうございます。本日は司会進行役を務めさせていただきますので、よろしくお願いいたします。わたくしはPTA副会長の秋田でございます。

今日の会議の予定

本日は年度はじめの会議ですので、校長先生とPTA会長にあいさつをいただいたあと、**①役員のみなさまから、お1人ずつ自己紹介をお願いいたします。**そのあと、今年度の活動方針につきまして、会長よりお話しいただき、**Aみなさんから活発なご意見をいただきたい**と思います。

協力のお願い

②終了は4時30分ころを予定していますので、ご協力をお願いいたします。なお、本日お集まりいただいた本部役員、各運営委員長のみなさまは、1年間ともに力を合わせて活動していくメンバーですので、よろしくお願いいたします。

それでは今岡校長からひと言お願いいたします。

TONE てきぱきと

スピーチのマナー

①自己紹介を促す

はじめての会合なので、自己紹介をしてもらい、コミュニケーションを図りましょう。

②終了時間を案内する

このあとの予定がある人もいるので、終了時間をあらかじめ案内しておいたほうが、落ち着いて意見交換ができます。

言い換え

A「どんどんご発言いただきたい」

PTA会長

運営委員会でのあいさつ

TONE まじめに

自己紹介と協力のお願い

　本日はお忙しいなかをお集まりくださいまして、ありがとうございます。ＰＴＡ会長の村山と申します。はじめての大役で至らない点が多いと思いますが、**Ａここにお集まりの運営委員のみなさまのお力を借りて、**１年間、本校のＰＴＡ活動を進めていきたいと思いますので、よろしくお願いいたします。

協調を持って

　運営委員会は、ＰＴＡ活動を進める核となる組織です。それぞれの委員会が主体となって、年間の行事を進めていきますが、いちばん大事なことは委員同士が協力して進めることではないでしょうか。そのためには、**①日ごろから十分に話し合い意思の疎通をよくすることが大切だと思います。**

再度協力のお願い

　さらに校長先生をはじめとする先生方、**②地域住民のみなさまなど、いろいろな方のお世話になりながらＰＴＡ活動はあります。**そのことをよく理解して、１年間乗り切りたいと思います。どうか「協調の心」を持って、それぞれのお仕事を進めていただきたく、お願いいたします。

スピーチのマナー

①協調性が第一

各運営委員会がバラバラに仕事をすると、成果も落ちるので、まず協調する大切さをアピールします。

②地域のなかのＰＴＡ活動

最近は防犯などもあって、地域住民への協力要請は欠かせません。地域のなかのＰＴＡという視点を忘れないようにしましょう。

言い換え

Ａ「ここにお集まりのみなさんのご助力をいただきながら」

PTA広報委員長

就任のあいさつ

TONE 明るく

自己紹介

みなさん、おはようございます。このたび広報委員長を務めることになりました、深見です。昨年1年間、広報委員をさせていただきましたが、まだ「広報」がどんな仕事かわかっていないのが、ほんとうのところです。広報の仕事はむずかしい、自分には荷が重かったと思っていたところに、委員長のお話でした。

自分の特技

1年間振り返ると、広報誌の取材や割付、原稿の依頼と大変なことばかりでした。以前の勤めの関係で多少パソコンがいじれることが、ご指名の理由かと思いますが、ただパソコンはあくまでも道具です。①**ハートがなければ、よい広報誌はできません。**

協力のお願い

まあ、決まった以上、あきらめ（笑）、いやポジティブにとらえて、Aいままでとはひと味違う広報誌をめざしたいと思います。どうか広報委員のみなさまには、ご協力よろしくお願いしますね。②**1年間がんばりましょう。**

スピーチのマナー

①就任にあたっての意欲を示す

自分がいちばん大切だと考えているポイントを簡潔に伝えましょう。

②協力してがんばろう!!

自分1人でがんばるのではなく、目標に向かってともに歩もうと促します。

言い換え

A「だれにでも読みやすく、親しまれる広報誌を出していきたい」

PTA
地区委員長

就任のあいさつ

TONE
まじめに

自己紹介

このたび、地区委員長に就任することになりました小池です。はじめてお目にかかる方もいらっしゃいますが、1年間よろしくお願いいたします。2年前に地区委員を経験していますが、あのときは委員で今回は委員長。まだはじまったばかりなのに、①**重さがずいぶん違うと実感しています。**

地区委員の仕事の説明

地区委員は、言ってみれば地域のみなさんと学校との潤滑油。地域の町内会のみなさんといっしょに活動することが多々あります。夏のパトロール、廃品回収、交通安全教室など、地域と子どもたちの安全と衛生を守る仕事が中心になります。1回しか経験はありませんが、地域の方と仲良くするのが大きな仕事のように思います。

協力のお願い

夜のパトロールなど、校外に出ることの多い委員会ですが、②**本校の地区委員は結束力があることで知られています。**その伝統を守り、A楽しく仕事をしていきたいと思いますので、その協力のほどよろしくお願いいたします。

スピーチのマナー

①委員長の責任を自覚
委員長になった責任感を素直に告げ、協力を仰ぐことばにつなげます。

②委員会の伝統
講演会に強い「成人教育委員会（家庭教育委員会）」、デザインがよい広報誌の「広報委員会」など、伝統があれば強調します。

言い換え

A「前向きに仕事をしていきたい」

PTA成人教育委員長

就任のあいさつ

TONE てきぱきと

田中悠子です。A成人教育委員長をおおせつかりました。委員のみなさまには、1年間よろしくお願いいたします。1度も経験のない委員会ですので、わからないことも多いと思います。お聞きすると、みなさんははじめての委員とのこと。

協力のお願い

これまでの運営方法にだれも精通していないわけで、いっしょに考え、①**本校で、新しい成人教育委員会を立ち上げるくらいのつもりでがんばりましょう。**

本年度の目玉

②**恒例の秋の講演会ですが、**「子育て講演会」と銘打ち、いま活躍する著名人に子育ての話をしていただいたら、どうでしょう。だれか候補がありましたら、次の委員会までに簡単なプロフィールを添えて演者名を提出していただきたいのですが、いかがでしょう。

個人的にお知り合いの方がいればベストですが、新聞などで目にした方でも結構です。なんとか交渉したいと思うので、候補者のピックアップの件、よろしくお願いいたします。

スピーチのマナー

①伝統にとらわれない

伝統を重視する運営方法もありますが、新しいスタイルを作っていく前向きな姿勢も大切です。

②具体的なテーマをあげる

就任のあいさつですが、すぐに実務に入り、具体的な問題提起を投げかけるなど、効率のよい運営のしかたです。

言い換え

A「○○委員長を言いつかりました」

PTA保健委員長

就任のあいさつ

TONE 明るく

引き受けた理由

はじめまして、大森妙子です。**①今回、保健委員長をお引き受けした理由は、ただのおっちょこちょいだからです。**新年度の委員長を決める会議のとき、遅れて会議室に入ったのが運の尽きでした。会議室に入るなり「では、大森さんいかがでしょう？」といきなり言われ、「ハイ、いいですよ」と言ったとたん、みなさんからの拍手で委員長に決まってしまいました。

引き受けた限りは

いつも決まって引き受けたあと、後悔でしばらく落ち込んでしまうのですが、ここからがわたしの強み。**②あきらめがつくと、一転、前向きに考えられるのです。**ですから、今回の保健委員長の件も、もうフンギリをつけましたから、１年間どんどん前へ進みたいと思います。

協力のお願い

ただ、**Ａこんな性格なので、みなさんにはご迷惑をおかけする**ことがあるかもしれません。どうかご勘弁ください。学校のため、子どもたちのためにも、よい提案をどんどんしたいと思いますので、協力をお願いいたします。

スピーチのマナー

①ユーモアを交えて

役員を引き受けた理由を「おっちょこちょいだから」とユーモアを交えて語ります。

②前向きに仕事をする覚悟を語る

マイナス志向ではなく、最後はプラス志向にまとめないとあいさつになりません。

言い換え

Ａ「慌て者なので、ご迷惑をおかけしますが」

PTA学年委員長

就任のあいさつ

TONE 謙虚に・・・・

所信表明

このたび学年委員長をおおせつかりました峯崎です。①**このような大役をお引き受けして、お役に立てるのかとても心配ですが、**みなさまのご協力をいただき、なんとか1年間がんばりたいと思います。

自分の性格

自分を省みると、とてもリーダーなど務まる性格ではありません。前へ出て行くより、後ろで指示されたことをコツコツこなすタイプだと自認しています。ですから、学年委員会を1人で引っ張るようなことはできそうもありません。**Aみなさんといっしょに進めていければ**と考えています。

自分の役割

どうかよいアイデアがあれば、どんどん申し出てください。自由に、活発に発言いただける場をつくることこそ、自分の使命だと考えています。そして、②**ここでまとまった意見をPTAや学校側に申し上げ、**みなさんのご意見やお考えを反映していきたいと思いますので、どうぞ、ご協力のほどよろしくお願いいたします。

スピーチのマナー

①決まり文句

謙虚さを示す決まり文句。ビジネスと違い「指示を与える」「受ける」という上下関係はなじまないので、謙虚な姿勢が好感を持たれます。

②調整役を申し出る

自分の使命はリーダーというより、みなさんの調整役という言い方が逆にリーダーらしい印象を与えます。

言い換え

A「みなさんと話し合いながら進めていきたい」

PTA委員長

委員懇親会でのあいさつ

委員の仕事

昼間の広報委員会に引き続き、夜の懇親会にご参加いただきありがとうございます。委員会でも申し上げたとおりの仕事です。学校行事やＰＴＡの講演会の取材や原稿執筆など、なんて大変な委員を引き受けてしまったと後悔しているのではないですか？

チームワークの大切さ

でも、心配無用です。１人では大変ですが、「三人寄れば文殊の知恵」ともいいます。相談しながらつくっていけば、きっとよい広報誌になるはずです。お互いにフォローしあいましょう。そうすれば、**①来年３月には、とてもよい経験をしたと思えるでしょう。**

楽しいひとときを

まあ、堅い話はそれくらいにして、この場は楽しい懇親会です。いままで、お話ししたことのない方同士、ぜひ親しくなってください。また、Ａ日ごろのストレスを発散すべく、楽しいひとときを過ごしましょう。**②ダイエットに励むお母さんも、今日は大いに飲んで、食べましょう。**

TONE 楽しく

スピーチのマナー

①有意義な経験になることをアピール

役員は大変な仕事ですが、「有意義な経験であった」と振り返る人が多いのも事実です。その点をアピールします。

②ユーモアを交えて

ダイエットの話題は女性の多い会では関心を持たれます。ユーモアを交えて懇親会を盛り上げます。

言い換え

Ａ「頭と心をすっきりさせる」

委員会

PTA会長

講演会はじめのあいさつ

来場のお礼

みなさん、こんにちは。PTA会長の岩下恭二です。本日はこのように大勢のみなさまにご来場いただき、大変ありがとうございます。わたくし同様、この講演会を楽しみにしておられた方も多いと思います。

講演への期待

①今日講演してくださるのは、精神科医であり社会学者でもいらっしゃる本田玲子先生です。みなさんご承知のとおり本田先生は、子どもの心の問題をやさしいことばで著した本を多く執筆されています。

本日は「子どもの悩みと親の悩み」というテーマでお話しいただけるとのことです。わたくしも2人の子の親として、Aぜひ勉強させていただきたいと思います。

委員への慰労

なお、本田先生をお招きするにあたって、②成人教育委員会のみなさんはひとかたならぬ努力をされたと聞いています。そのことをみなさまに報告し、あわせて成人教育委員会のみなさまに感謝して、ごあいさつといたします。

TONE 期待をこめて

スピーチのマナー

①講師の紹介

司会者が講師のプロフィールを細かく紹介する場合は、この程度の紹介にとどめます。会長があいさつの中でする場合は、著書などをきちんと紹介します。

②委員の努力を紹介する

実務を担当した委員の努力をほめるのも、会長あいさつの大事な要素です。

言い換え

A「たくさんのことを学んでいきたい」

PTA委員長

講演会おわりのあいさつ

TONE 感謝して

演者へのお礼

本田先生ありがとうございました。子どもが見せる何気ないサインを見逃さないことの大切さがよくわかりました。とてもわかりやすいお話で、わたくしをはじめ保護者のみなさんも目からウロコのことばかりで、**①子どもの心理がとてもよく理解できました。**

講演の感想

とくに、なるほどと思ったのは、わたくしたちが子どものころといまの子どもとでは、情報に対する価値観が大きく違うという指摘です。また、スマホが子どもにとって必要なものか、不要なものか。どんな危険が潜んでいるのか、などもご指摘が具体的で、とても参考になりました。

静聴のお礼

②保護者のみなさまはどうだったでしょう。今日の本田先生のお話を糧にして、お子さんたちとより親密なコミュニケーションを図っていただきたいと思います。それでは、本田先生へのお礼とご静聴いただいたみなさまへの感謝を申し述べて、**A締めのごあいさつといたします。**

スピーチのマナー

①率直な感想
講演が成功だったかどうかまず率直な感想を述べ、演者に感謝のことばを伝えます。

②感想を尋ねる
観客に感想を尋ねるのは、比較的よく使われる話法です。親密さが高まる効果が期待できます。

言い換え

A「結びのごあいさつといたします」

講演会依頼のことば（電話）

PTA委員長

TONE 落ち着いて

講演の依頼

はじめまして、①わたくしは板橋区立○○小学校のPTAの者です。成人教育委員長の渡辺と申します。当校では毎年秋に、子どもの教育などをテーマに保護者を対象にした講演を開催しています。この秋の講演をお願いできないかと、PTAを代表してご依頼のお電話を差し上げました。

講演の内容

内野雄一郎先生にお話しいただきたいのは、「子どもの自立」についてです。②先生のご著書を拝読させていただきましたが、とても感動いたしました。ぜひ多くの保護者にお話しいただきたいと思い、ご連絡をさせていただきました。講演会を企画する保護者全員がご著書を読み、感動いたしました。

承諾のお願い

よろしければ、詳細を先生のホームページのアドレスに送らせていただきたいのですが、ぜひお引き受けいただきたくお願い申し上げます。突然お電話を差し上げたご無礼をお許しください。それでは、ご検討のほどよろしくお願いいたします。

スピーチのマナー

①自己紹介

はじめての相手にする自己紹介のポイントは、大きい輪から徐々に絞っていく話法。いきなり「成人教育委員の○○」といっても相手はわかりません。

②著書を読んでの依頼

なぜ演者に選んだか、相手が納得し「それなら受けよう」という理由を伝えなくてはいけません。頼むなら著書くらい読んでおくこと。そのなかにヒントがあるはずです。

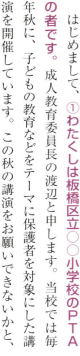

PTA委員長

給食試食会はじめのあいさつ

TONE 明るく

参加のお礼

こんにちは。保健委員長の大野です。**Ａ本日はお忙しいなか、このようにたくさんの保護者の方にご参加いただき、**ありがとうございました。子どもたちが食べる給食にどれだけ関心があるか、あらためてわかった気がします。

献立の紹介

今日は、給食調理室を見学いただいたあと、給食の試食となります。みなさんに召し上がっていただく給食は、本校の給食で最も回数の多い献立と聞いています。そのあと、栄養士の坂田先生から日ごろの給食についてお話があります。①**献立や味つけについてご意見、ご質問があれば、**そのとき坂田先生にお願いいたします。

家に帰って

それでは、給食試食会をはじめますが、今日召し上がる給食について、帰ってからお子さんたちと意見を交わされると楽しいと思います。給食ではどんな献立が好きで、どれが苦手かなどを話し、**Ｂご家庭での献立づくりに役立ててください。**それでは、調理室のほうに移動しましょう。

スピーチのマナー

①意見・質問を促す

給食試食会は、子どもたちが日ごろどんな給食を食べているか、保護者が知るのが第一の目的です。同時に、意見や質問などによって給食のレベルを上げる目的もあるので、保護者から積極的に意見が出るような雰囲気づくりをしましょう。

言い換え

Ａ「本日はご多忙にもかかわらず、たくさんの保護者にお集まりいただいて」

Ｂ「偏食を少しでも減らす食事指導にお役立てください」

PTA主催行事

PTA会長

親善バレーボール大会あいさつ

TONE はつらつと

参加のお礼

　今日は、PTA親善バレーボール大会にお集まりくださり、ありがとうございます。また、**①校長先生をはじめ、たくさんの先生にもご参加いただき、お礼申し上げます。**わたくしはPTA会長の桐野おさむです。

行事の目的

　日ごろ運動することがほとんどなく、体はすっかりなまってしまっています。わたくし自身、お腹のまわりが気になりだした年齢ですが、お見かけするところ、**②メタボ風の方もいらっしゃるご様子です。**今日をきっかけに運動をはじめ、ダイエットに成功されたら、こんなにうれしいことはありません。とは申しましても、今日のバレーボールは、保護者同士、保護者と先生方の親善・交流が目的です。

ケガのないように

　昨年は、1年生の保護者のチームが優勝しました。今年はどのチームが勝つか楽しみです。それぞれのチームは優勝を目指してがんばってください。とはいっても、ケガをしたら大変なので、**A無理をしない程度にがんばってください。**

スピーチのマナー

①参加いただく先生へ感謝を述べる
　厳密に言うと、教師もPTAの一員ですが、会長は保護者の代表者と見るのが一般的なので、先生には参加のお礼を述べましょう。

②強い表現は避ける
「メタボの人がいる」は、ややキツイ印象になるので「メタボ風の人がいる」と和らげた表現をします。

言い換え

A「十分注意をしてがんばってください」

委員長 PTA

防犯パトロールはじめのあいさつ

TONE 落ち着いて・・・・

本日の予定

地区委員長の塩野です。これから、○○商店街を中心にした学区のパトロールを行います。3人1組、5組でパトロールを行います。各組の担当地区は、プリントにあるとおりです。①**2時間の予定で、9時に校庭にお戻りください。**

仕事のあらまし

○○商店街では、昨年の夏も、女子中学生が不審な男にナイフで切りつけられる事件がありました。当校の児童も、塾の行き帰りなどで通る場所でもあります。子どもたちを見かけたら声をかけたり、それとなく目を配るなどの対処をお願いいたします。

注意事項

本日の防犯パトロールは○○警察署に届け済みですので、もし交番の前を通ったら、ひと言あいさつをお願いします。また、警察からは、②**犯人に立ち向かわないように注意を受けています。事件を目撃しても、決して自分たちで**犯行をやめさせるのを第一にとのことですので、大きな声で**A十分気をつけてパトロールをお願いいたします。**

スピーチのマナー

①スケジュールを伝達する

何時に終わらせるか、正確なスケジュールを必ず伝えます。

②注意事項を伝達する

防犯に関する諸事業は、警察との連携が必要になります。警察から申し受けた注意事項を、はじめに伝えます。

言い換え

A「自分たちの安全を考えて行動してください」

PTA会長

新春懇親会あいさつ

TONE 晴れやかに

新春の祝い

ただいまご紹介いただきました、PTA会長の手嶋典子です。PTA主催の新春懇親会に、校長先生をはじめ、諸先生にご出席を賜り厚くお礼申し上げます。年が改まって10日ほど経ちますが、①**あらためまして、新春のお祝いを申し上げます。**おめでとうございます。

昨年の出来事

さて、昨年は本校の野球部が全国大会に出場、吹奏楽部も県大会で活躍するなど、保護者として鼻が高くなることがたくさんありました。うれしい限りです。今年も期待するところなのですが、これも、②**先生方の日ごろのご指導の賜物と感謝申し上げます。**

今年への期待

そんな子どもたちをしっかり見守っていくには、先生方と保護者の連携がなにより必要です。そのためにも、こうした場で保護者同士、先生と保護者の交流を深め、きずなを強めていただくことが大事だと思います。A**本日は、大いに語り合っていただくことを願って**あいさつといたします。

スピーチのマナー

①新春のお祝いを述べる

年が明けたあとやや日にちが経っても「新春懇親会」なので、お祝いを述べてから話をはじめるのが一般的です。

②先生への感謝のことば

生徒の活躍も、公の場なので「先生のおかげ」と感謝したほうが会長らしいあいさつになります。

言い換え

A「本日は積極的に意見を交換してくださることを願って」

PTA委員長

社会見学会でのおわりのあいさつ

TONE 明るく

参加者へのねぎらい

本日はどうもお疲れさまでした。成人教育委員長の小林です。朝、早くからバスでも長時間の社会見学、さぞやお疲れのことと思います。これから、**①家に帰って夕食のしたくをしなきゃと考えると、疲れがどっと出てくる**人もいるのではないですか。かく言うわたくしも、さて、今日の献立は？

Aやっぱりカレーかなと考えています。

本日の感想

午前中にまわった現代美術館、午後から見学した製糸工場跡など、日ごろはあまり足を運ばない場所を見学できて、とても楽しかったです。**②折りを見て、家族でこういう1日を過ごすのも有意義だなと実感しました。**

次回への期待

今回は群馬県の施設を見学いたしましたが、次回は水族館がいいとか、歴史に触れる見学がいいとか、いろいろな意見が出ているようです。次回の委員に、みなさんのご意見をお伝えするつもりでいますので、どうぞ次回もご参加くださるようお願いいいたします。

スピーチのマナー

①夕食のしたくの話題

母親が多い見学会では、「夕食のしたく」などの話題が身近で、笑いがとれます。

②よかった点をあげる

今回の社会見学会で有意義だった点をあげて、感想をまとめます。

言い換え

A「たまには外食もいいかなと思っています」

PTA主催行事

PTA会長

30周年記念式典懇親会

お祝いのことば

PTA会長の根岸雄二と申します。本日は、さいたま市立○○小学校がめでたく、創立30周年を迎えられましたことをお喜び申し上げます。昼間の記念式典に続き、懇親会ということで、①**あらためてお祝いを申し上げる次第です。**

感謝のことば

来賓のみなさま方、校長先生をはじめとする諸先生方、OBのみなさま方、懇親会にご出席くださりありがとうございます。無事、式典が終了し、懇親会に進めましたのもみなさまのおかげと感謝申し上げます。

また、30周年記念誌の編集委員のみなさん、この懇親会をとどこおりなく進めてくださった30周年準備委員のみなさんのご努力がなければ、こうした盛大な会は催せませんでした。②**この場をお借りしてお礼申し上げます。**

締めのことば

本日はおめでたい席で、多少のアルコールも用意されているようでございます。どうか、A楽しく召し上がり、大いに語ってください。よろしくお願いいたします。

TONE 明るく

スピーチのマナー

①あらためてお祝いのことば
昼間の記念式典でも祝意を申し述べますが、夜の部もお祝いのことばではじめます。

②スタッフへのねぎらい
来賓、先生方のほか、記念事業に携わった保護者にも感謝のことばを捧げましょう。

言い換え

A「交流を深め、楽しくお過ごしください」

PTA準備委員長

60周年記念式典懇親会

TONE 明るく

現在の心境

60周年記念事業準備委員を代表して、**Aひと言ごあいさつ申し上げます。**昼間の式典を無事済ますことができ、**①正直ほっとしているところです。**準備委員会が発足したのは半年前、委員が決まってもなかなか実務が進まず、準備は間に合うのかと心配しました。

感謝のことば

記念誌の編集、本日の準備など、記念事業準備委員のみなさんは、**②ただ委員長という名前だけのわたしと違い、**さぞご苦労されたことと思います。また、校長先生、教頭先生をはじめ、記念事業の担当をされた志村先生には、ほんとうにお世話になりました。ありがとうございました。

これを期に

今日で60周年記念事業は一応打ち上げとなります。これからは少子化と私立志向などから、生徒数も減少する傾向にあるようです。しかし、当○○小学校は、ますます活発な運営をされ、70年、80年、１００年の記念事業が盛大に行われますようお祈りいたします。

スピーチのマナー

①正直な感想

懇親会なので記念式典よりややくだけた表現も可能です。大役を果たした安堵感を正直に吐露します。

②自分の実績を謙虚に表す

委員の努力をたたえると同時に、自分は名前だけの委員長という謙虚な姿勢を示すと好感が持たれます。

言い換え

A「みなさまにお祝いとお礼を申し上げます」

PTA会長

校長退職を祝う会あいさつ

TONE 感謝をこめて

お祝いのことば

校長先生、定年おめでとうございます。**①ぜひ、お礼とお祝いをしたいと有志の方が集まり、ささやかな宴を開かせていただきました。** 3年前に△△小学校から転任されてきたとき、怖い先生かしらと子どもとも話したものでした。

感謝のことば

それがとても気さくな先生で、毎朝登校する子どもたちを校門で出迎え、「おはよう」と声をかけてくださっています。子どもたちは朝、どんなにほっとすることか。学校は運動会、遠足、修学旅行と1年間行事がぎっしり。その1年を38年間続けられ、この春定年を迎えられます。**②これまでの教え子、保護者を代表して、お礼を申し上げます。** 校長先生、永年のご指導ありがとうございました。

定年後へのエール

定年後は地域の公民館でこれまでの経験を生かされ、相談員のお仕事をされると聞いています。どうか、いつまでもお元気で、子どもたちのよき理解者でいてくださることをお願いして、送ることばといたします。

スピーチのマナー

①贈り物について

贈り物をする場合は、贈る品についての説明が必要です。しかし、最近は贈り物は控える傾向にあるので、この実例は贈り物をしない例です。

②生徒・保護者を代表してのお礼

やや大げさな表現ですが、定年退職への祝意なので、「教え子・保護者を代表し」といっても差し支えないでしょう。

PTA会長

教頭転任を祝う会あいさつ

TONE 感謝をこめて

感謝のことば

これまで子どもたちの指導に力を注いでくださり、ありがとうございます。なかなか校長先生には言えないことも、教頭先生が親身になって相談にのってくださり、ＰＴＡを運営する側としてとてもたすけられました。

①**すでに、〇〇中学に校長として転任されていますが、**お世話になったお礼とお祝いを述べたいと役員のみなさまが申します。そこで、ささやかではありますが、有志のみなさんで送別の昼食会を開かせていただきました。

転任されて１カ月も経っていませんが、どこか校長先生らしい風格が備わってきたように感じるのは、わたくしだけでしょうか。大槻先生のことですから、もう子どもたちと仲良くされていることでしょう。こちらの学校では、１人ひとりの個性を伸ばす教育をされてきた先生です。

今後の活躍の祈り

②**新しい学校では、先生の個性も伸ばす仕事も大事になりますが、**Ａ**お元気で活躍されることをお祈りいたします。**

スピーチのマナー

①転任の祝いの時期

転任の公表は3月末になるのが一般的です。お世話になったお礼の送別会は転任後、1カ月くらいの間に行われることが多いようです。

②校長としての役割を強調する

児童・生徒だけではなく、教師の個性を伸ばすように願うことで、校長としての大役を強調します。

言い換え

Ａ「いつまでもお若く、元気な先生でいてください」

新PTA会長

新旧役員懇親会あいさつ

TONE おごそかに

自己紹介

総会でご承認いただき、PTA会長を務めさせていただく河野由起子です。あらためまして、よろしくお願いいたします。

ねぎらいのことば

旧役員のみなさまには、ほんとうに①1年間お疲れさまでした。幸いか、不運か、昨年度は創立50周年にあたったため、記念事業では相当ご苦労されたことと拝察いたします。

浅田会長を中心にした役員の適材適所のチームワークがなければ、あのような立派な事業にはならなかったと思います。保護者の1人として、お礼を申し上げたいと思います。浅田会長がぽつりと、「周年記念の役員をやれてよかった」とおっしゃるのを聞いて、②苦労するほど満足感が大きいのだと、会長を務めていく勇気をいただいたような気がします。

楽しいひとときを

本日は、旧役員の方の慰労を兼ねた新旧役員の懇親会ということで、楽しいひとときを過ごしたいと存じます。新役員として、いろいろお尋ねしたいことやご指導いただきたいこともありますので、どうぞよろしくお願いいたします。

スピーチのマナー

①ねぎらいのことば

相手をねぎらうとき、「ご苦労さま」は目下に使う表現とされています。「お疲れさまでした」がていねいな印象を与えます。

②PTAの仕事の感想

周年にあたる年の役員はよけいに仕事が多く大変ですが、無事終わったあと「とても充実した1年だった」と感想をもらす保護者も少なくありません。「大変そう」と尻込みせずに思い切って引き受けると有意義な1年になるかもしれません。

委員長　PTA

バザーはじめのあいさつ

TONE 明るく

はじめのあいさつ

本日は、バザー委員を中心に有志の方にお集まりいただきまして、ありがとうございます。本日の実行委員を務めます森下です。心配した雨も昨夜に上がり、絶好のバザー日和となりました。ＰＴＡ主催のこのバザーを楽しみにしている地域のみなさんもいらっしゃいます。後片づけまで①**大変ですが、がんばりましょう。**

バザーの目的

申し遅れましたが、本日の売上は各地区の育成会に分配され、子どもたちの地域活動の助成金にあてられます。夏のキャンプやクリスマス会の資金にもなります。子どもたちも楽しみにしているので、充実させたいと思います。ですから、②**お知り合いの方が見えたら、ぜひ声をかけてください。**

かけ声

バザーの開場は10時からですが、もうちらほらとお客さんが見えはじめています。昨年よりもバザーの品も多く集まり、お客さんも多そうですね。ぜひ、**A昨年の売上を超えるようにがんばりましょう。**

スピーチのマナー

①やる気にさせる呼びかけ

「がんばってください」とお願いする表現もありますが、「ともにがんばりましょう」と呼びかけたほうが、相手をやる気にさせます。

②具体的なアドバイス

はじめての人には、売上を伸ばすコツを具体的に伝授したほうが効果的です。

言い換え

A「新記録の樹立を目指してがんばりましょう」

清掃ボランティアおわりのあいさつ

PTA委員長

TONE 明るく

ねぎらいとお礼

本日は地域の清掃ボランティア、お疲れさまでした。①せっかくのお休みの日にお集まりくださり、ありがとうございました。当小学校の児童がお世話になっている、地域の美化に少しでもお役に立てたのではないかと思います。委員のみなさまだけでなく、このようにたくさんの保護者のご参加をいただき、厚くお礼申し上げます。

本日の感想

今日は朝から天候が不順で、最後まで天気がもつか心配でしたが、幸い雨もなく、かえって戸外の活動にはぴったりだったように思います。日ごろ、あまり体を動かしていないお父さん、お母さんは明日あたり筋肉痛になるかもしれませんので、帰ったらゆっくりお休みください。

締めのことば

②最後になりましたが、本日だけでなく日ごろから、学校周辺の清掃ボランティアをしてくださっている、広田町内会長をはじめ、町内のみなさまにAお礼を申し上げてあいさつといたします。

スピーチのマナー

①ねぎらいの決まり文句

休日のボランティアに参加してくれたときに使う決まり文句。

②最後になった断り

身内（この場合はPTAの保護者）以外の人に感謝を述べる場合、最後になった非礼を詫びます。

言い換え

A「感謝のことばを申し述べ、あいさつに代えさせていただきます」

第5章

学級でのあいさつ・相談

幼稚園 父母代表

父母会でのあいさつ

TONE まじめに

自己紹介

みなさん、こんにちは。私はひばり組の山中あかねの母で、山中君子と申します。

本日は父母の代表としてひと言ごあいさつをさせていただきます。園長先生をはじめ、先生方には、いつも子どもたちの面倒をみていただき、ありがとうございます。①**心より感謝を申し上げます。**

園児の生活ぶり

これまで社会生活の経験がなかった子どもたちが、幼稚園という集団生活のなかで過ごすようになって2カ月が経ちました。はじめはとまどう子どもも多かったようですが、**A先生方のご指導のおかげで、**今は集団生活にも慣れ、新しい友だちもできて楽しい毎日を送っているようです。

交流の呼びかけ

私たち親も、子どもたちを通して、②**これから3年間おつき合いしていくことになります。**本日の懇談会でよい関係をつくれたらと期待しております。どうぞよろしくお願いいたします。

スピーチのマナー

①お礼の気持ちを態度で示す

「お礼のことば」を述べるときは、校長先生や諸先生に向かって頭を下げ感謝の気持ちを態度で示すと好感を得られます。

②懇談会の目的

親同士がよい関係になれる場として懇談会を開いたことをはっきりと示し、交流を促します。

言い換え

A「先生方の温かい導きのおかげで」

小学校 学級委員

就任あいさつ

TONE まじめに

自己紹介

みなさん、こんにちは。本年度の学年学級委員を務めることになりました①**石井徹の母の石井順子でございます。**どうぞよろしくお願いいいたします。

就任のことば

学級委員の大役ははじめての経験ですので、何かと不慣れな点も多いかと思いますが、精一杯努めてまいりたいと思いますので、よろしくお願いいいたします。

5年生からの2年間は卒業、進学といった大きなイベントが控えています。反抗期や思春期を迎える時期でもあり親にとっても心配や悩みが絶えないことと思います。

1人では抱えきれない問題や、悩みもA**話し合いをすることで**解決の糸口が見つかることもあると思います。

協力のお願い

この懇談会が②**同じ年ごろの子どもを持つ親同士の気軽に意見交換ができる場になれば幸いです。**

みなさまのご協力を心よりお願いいして、就任のあいさつとさせていただきます。

スピーチのマナー

①自己紹介は子どもを先に

自己紹介をするときは子どもの名前を先に言ってから自分の名前を述べるようにします。自分の子どものことは長々と話さないようにします。

②協力を求める

懇親会なのであまり固くならず和やかな雰囲気で話し合いができるように、出席者に協力を求めます。

言い換え

A「いっしょに考えていくことで」

小学校 学級委員

男性役員の就任あいさつ

役員就任のあいさつ

みなさん、こんにちは。**①ただいま○○先生にご紹介いただきました、**久保と申します。本年度の学級委員をお引き受けすることになりました。よろしくお願いいたします。

簡単な自己紹介

簡単に自己紹介させていただきますと、子どもは2人、上の娘はこちらの5年2組で、下の息子は3年1組でお世話になっています。駅前商店街で小さな日本料理店を経営していますが、**②親の介護もあり、妻はそちらを受け持ってもらっています。**昼間の時間は比較的自由になるので、今回は役員をお引き受けしたしだいです。

今後のお願い

③昨今はいじめの問題などで、学校・学級がとかくとげとげしい雰囲気になりがちと聞いています。この5年2組はそのような場ではなく、子どもたちがすくすく育つ安全な場所になるよう、先生と保護者が緊密に連絡を取り合い、サポートに努めたいと思いますので、ご協力のほどよろしくお願いいたします。

スピーチのマナー

①紹介を受けて

司会は担任が務めることが多いので、紹介を受けてあいさつする決まり文句。

②役員を引き受けた理由

保護者会などの出席や役員はまだ女性が中心なので、男性が引き受けた理由をさりげなく説明します。

③いじめの問題

学校では、下火になったように見えてもいじめの問題が熾火《おきび》のようにくすぶっています。学級としていじめ問題に注意を払っていこうと保護者に同調を求めます。

TONE まじめに

中学校
学級委員

就任あいさつ

TONE
まじめに

はじめのあいさつ

みなさん、こんにちは。本年度の学級委員を仰せつかりました持田さゆりの母、持田京子と申します。

今回がはじめての学級委員ですので、①**行き届かないところがあるかと思います**が、精一杯努めますので、どうぞよろしくお願いいたします。

懇親会の目的

今年は高校受験を控えており、子どもたちの勉強や進路のことで親子ともども重要な時期を迎えています。

夏休み明けには先生方との面談もあり、ますます忙しくなると思います。子どもたちも大変デリケートになっている時期で対応にとまどうこともあるでしょう。**A私も受験生を抱える親の1人です。**この②**懇親会を通してさまざまな意見交換や話し合いの機会を持ちたいと考えています。**

今後のお願い

1人ではなかなか解決できないことも、懇談で解決の糸口がみえてくることもあるかと思います。

みなさんからの活発な意見と、ご協力をお願いいたします。

スピーチのマナー

①不慣れであることを断っておく

はじめて委員を受けたときは、あらかじめ不慣れであることを断っておくと周囲からの協力を得られやすくなります。

②自分の意見をはっきり述べる

どんな会にしていきたいのか、自分の考えを整理しながらはっきりと述べます。

言い換え

A「同じ受験生を抱える親として」

幼稚園
母親

父母会での自己紹介

TONE
まじめに

はじめのあいさつ

みなさん、はじめまして。①私はキリン組竹内雄太の母で竹内美菜と申します。どうぞよろしくお願いいたします。

子どもの性格

②雄太は引っ込み思案のところがあり、どちらかというと家の中でのひとり遊びが好きな子どもです。他の子どもさんたちとうまく集団生活にとけこめるかどうか、親としてはとても心配でした。

案の定、はじめのうちは、幼稚園に行くのをいやがって、なかなか朝起きてこないときもありました。

でも最近は家に帰ってくると幼稚園で描いた絵やお遊戯のことを楽しそうに話すようになりました。

親としてもひと安心しています。

これもひとえに園長先生はじめ、先生方のおかげと感謝しております。

今後のお願い

今後もAご面倒をおかけすることもあるかと思いますが、どうぞよろしくお願いいたします。

スピーチのマナー

①自分の姓名を名乗る
自己紹介ですから、姓名を名乗ることに何ら問題はありませんが、ここはさらりと「母です」だけでも失礼にはなりません。

②子どもの性格を端的に述べる
親から見た子どもの性格を端的に紹介します。ただし自分の子どもの自慢話を並べ立てないように注意します。

言い換え

A「お手をわずらわせることも」

祖母
幼稚園

父母会での自己紹介

TONE
謙虚に・・・・

はじめのあいさつ

みなさん、はじめまして。私はひばり組の中曽根こずえの祖母でございます。**①こずえの母親は産後まもないため、本日は出席することができません。**代理の出席ですが、どうぞよろしくお願いいたします。母親も**A今後できる限り出席したい**と申しておりましたので、その時にはどうぞよろしくお願いいたします。

家庭環境

私たち家族は長女のひとみ、次女のこずえ、生まれたばかりの長男、**②父母のほかに祖母である私と祖父がそろった今どき珍しい大家族です。**こずえはしばらくの間末っ子だったため、甘えん坊なところもありますが、にぎやかな環境で育ったせいか、人の輪にはすぐ溶け込む人懐っこい性格です。

活発で外で遊ぶのが大好きな子ですから、きっと幼稚園でもたくさんの友だちをつくってくれることと期待しております。

今後のお願い

園長先生はじめ、諸先生がた、保護者のみなさま、今後ともよろしくお願いいたします。

スピーチのマナー

①代理の理由を述べる
本来出席を予定していた保護者以外の人が出席する場合には、簡単にその理由を述べるようにします。

②特徴あることを盛り込む
平板になりがちな自己紹介ですが、何かひとつ特徴のあることを盛り込むと印象に残るスピーチになります。

言い換え

A「次回はぜひ参加したい」

小学校
母親

保護者会での自己紹介

TONE 明るく

はじめのあいさつ

はじめまして。加藤洋介の母の加藤雅恵と申します。どうぞよろしくお願いいいたします。

子どもの性格

洋介は内弁慶で、家ではいろいろなことを話し、親に対する態度も大きいのですが、いったん外に出ると人見知りが激しく、なかなか自分のほうから声をかけることができない子どもです。幼稚園のときもそうでしたが、**①新しい友だちができるまでに少し時間がかかるようです。**

でもいったん打ち解けてしまえば、人が変わったようにおしゃべりになります。

先生へのお願い

そこで先生方へのお願いですが、はじめはもじもじして、あいまいな態度をとっていても、**②どうか気長に話しかけてやってください。** Aそのうちきっと慣れてきますので。

父母のみなさんも、これもその子の個性だと、長い目でみてやっていただければ幸いです。

どうぞよろしくお願いいいたします。

スピーチのマナー

①子どもの性格を伝える
友だちができるまでに時間がかかる子どもの場合は、あらかじめそのことを周囲に知らせておくとよいでしょう。

②先生への協力を求める
保護者だけでなく、先生にも協力をしてもらうことで子どもへの理解がいっそう深まります。

言い換え

A「時間が解決してくれると思いますので」

小学校　母親

転居してきたばかりの自己紹介

はじめのあいさつ

はじめまして。田所恵一の母の田所令子と申します。どうぞよろしくお願いいいたします。

①私たち家族は先月、夫の転勤で○○町に引っ越しをしてきました。この2学期からこちらの小学校にお世話になります。

恵一は以前の学校ではサッカーチームに入っていました。運動が大好きなので、こちらの学校でもスポーツをやらせたいと考えています。

現在の心境

②親自身がまだ環境にも慣れていませんので、とまどうことも多いと思います。いろいろな面でみなさまには**Aご面倒をおかけすることと思いますが、**どうぞよろしくお願いいいたします。

今後のお願い

恵一はもちろんのこと、私もこれを機会にぜひみなさんと仲良くさせていただきたいと思っております。

どうか親子ともどもよろしくお願いいいたします。

TONE　謙虚に

スピーチのマナー

①転居の報告

転居してきた事情などは、あまり詳しく述べる必要はありませんが、転居の時期などを簡単に報告します。

②親子ともどものお願い

新しい環境に慣れていないのは親子いっしょであることを述べ、協力をお願いしましょう。

言い換え

A「ご迷惑をおかけすることもあるかと思いますが」

小学校 祖母

保護者会での自己紹介

TONE おだやかに・・・・

はじめのあいさつ

はじめまして。新井まどかの祖母でございます。

私どもは代々和菓子屋を営んでおります。現在若夫婦が店を切り盛りしておりまして、**①本日は多忙のため、私が出席させていただきました。**

家庭環境

まどかは一人っ子ですが、両親が仕事でふだんかまってやれない分、私が孫の相手をすることが多くなります。気をつけてはいるのですが、ついつい甘やかしてしまうのが現状です。ただ本人は思いのほか、気がつく子で、優しい性格です。子どもは親の背中を見て育つと申しますが、**②両親の働く姿や従業員の人たちがきびきびと働く姿を見て育っておりますので芯は強い子だと思います。**

今後のお願い

この保護者会でお話の出たことは家に帰ってから家族みんなに報告し、家族で話し合っていきたいと思っています。どうかこれからもA家族ぐるみのおつき合いをよろしくお願いいたします。

スピーチのマナー

①欠席の理由は明確に

当初予定していたはずの保護者が欠席する場合は、理由を明確にすると後の会話がスムーズに進みます。

②家庭環境を盛り込む

特色のある家庭で育った場合は家庭環境の話などを盛り込むと印象的なスピーチになります。

言い換え

A「親子ともどものおつき合いを」

小学校 父親

父親学級での自己紹介

はじめのあいさつ

みなさん、はじめまして。小島健太の父親です。どうぞよろしくお願いいいたします。

①**このような場でお話をするのははじめてなので、とても緊張しております。**

家での様子

健太は家ではゲームばかりしています。たまに食事のときなどに、学校の話題が出ても、あまり学校であったことを話しません。

私は遠方の会社に勤めており、朝が早く夜も遅いので、正直、日ごろは子どもとのコミュニケーションを取る時間が少なく、**A学校の様子も把握していません。**これでも父親かと心苦しく思うこともあります。

他の人の意見

②**みなさんの家では、父親の立場でお子さんとはどのような方法でコミュニケーションをとっていらっしゃるのでしょうか。**本日は同じ父親という立場のみなさんの意見を伺いたいと思います。どうぞよろしくお願いいいたします。

TONE 楽しく

スピーチのマナー

①はじめてのあいさつ
スピーチの経験があまりない場合は、はじめにそれを断っておくとよいでしょう。ひと呼吸入れると話しやすくなります。

②話しかける調子で
他の家庭ではどうしているのか、素朴な疑問を投げかける気持ちで話すと相手に主旨が伝わりやすくなります。

言い換え

A「学校のこともあまりよくわかりません。」

保護者会での自己紹介

中学校 母親

TONE おだやかに…

はじめのあいさつ

はじめまして。紺野幸一の母でございます。①保護者会にははじめて参加させていただきます。どうぞよろしくお願いいたします。

部活との両立

幸一は現在野球部に所属しています。クラブ活動は楽しいらしく、朝早くからでかける「朝練」の日があるかと思うと、放課後の練習があったり、日曜日には対抗試合に出たりと野球一色の毎日を過ごしております。夢中になれるものがあるのはよいことですが、進路のことも考えなければならない時期ですので、勉強がおろそかにならないかが心配です。

参加の動機

みなさんのご家庭で②クラブ活動をされているお子さんは勉強とスポーツの両立をどのように考えていらっしゃるのでしょうか。これから始まる受験へ向けて、今からいろいろ考えていかなければならないと思っています。

Aみなさんからのご意見をお聞きできれば幸いです。本日はどうぞよろしくお願いいたします。

スピーチのマナー

①はじめての参加

保護者会は年に何回か開かれますが、はじめての参加の場合はその旨を自己紹介のときに話すとよいでしょう。

②他の人の意見を聞く

他人の意見を聞きたいときには自分の立場や考えを明確にした上で、同じ立場の人から話を聞きだすようにするとよいでしょう。

言い換え

A「みなさんと話し合うことができれば」

母親　中学校

帰国子女の場合の自己紹介

TONE 謙虚に

はじめのあいさつ

みなさんはじめまして。矢田部春香の母、矢田部真理と申します。春香は①**父親の仕事の関係で小学校１年生から中学１年までロンドンで過ごしました。**今年の秋から本校に転入いたしました。

現地では日本人学校に通っていましたので、ことばの問題はないと思います。日本でも新しい友だちができて、毎日張り切って登校しています。

海外での様子

ただ、日常生活では風習の違いにとまどうことも多いようです。向こうで知り合った子どもたちはことばに衣を着せずにはっきりと物事を言います。②**その環境の中で育った春香は、イエス、ノーをはっきりいいます。それが時にはきつい性格に見られることがあるようです。**

先生へのお願い

そのうち、環境にも慣れてくると思いますので、先生方にはA長い目で見守っていただきたいと思います。

どうぞよろしくお願いいいたします。

スピーチのマナー

①就学年を伝える

海外で学校生活を送った経験がある場合は何年ぐらい現地で過ごしたのか、就学年をあらかじめ伝えるとよいでしょう。

②環境の違いを伝える

風習や環境の違いなどで伝えておきたいことがあればストレートに話します。先生や保護者の理解を得ることも大切です。

言い換え

A「少し時間をかけて様子を見ていただきたい」

保育幼稚園者

登園しない子の相談

お礼のことば

①いつも可奈がお世話になっております。

実は可奈がしばらくお休みをしている件で、ご相談したいことがあり伺いました。

相談内容

はじめのころは、はりきって幼稚園に行っていたのに、最近は朝起こそうとすると「幼稚園へ行きたくない。お家がいい」と言って、だだをこねるようになりました。1日2日たてば気が変わるだろうと、しばらく様子を見ていたのですが、相変わらずだだをこねます。理由を聞いても何も言わないし、問いただすと泣きだしてしまう始末です。私も主人もどうしたらよいかわからず、A途方にくれています。

ご存知のように可奈は気の弱いところがあり、小さなことでもめそめそしてしまう子です。幼稚園の友だちとのトラブルなど、先生のほうでお心あたりはございませんか?

アドバイスを受ける

②これからどうすればよいのか、長年のご経験からのアドバイスをいただけませんでしょうか。よろしくお願いします。

スピーチのマナー

①先生へのお礼を述べる

まず、日ごろお世話になっている先生へのお礼を述べます。相談事の内容はあらかじめメモするなど、整理しておくようにします。

②アドバイスを求める

事情を話したうえで、今後の対応についてのアドバイスを求めます。感情的にならない冷静な態度が大切です。

言い換え

A「手を焼いています。」

TONE まじめに

保幼
護稚
者園

偏食がひどい子の相談

TONE まじめに

お礼のことば

いつも亮太がお世話になり、ありがとうございます。おかげさまで、幼稚園ではたくさんの友だちができて問題なく通っております。

相談内容

①しかし一点だけ、実は亮太の食生活のことで先生にご相談があります。

亮太は食べ物の好き嫌いが多いのです。とくに野菜はなかなか食べてくれません。ハンバーグなどに入れてわからないように工夫しても見つけると大騒ぎになります。

お弁当のつけ合わせの野菜もいっさい手をつけずそのまま残してきます。Aこのままでは栄養の偏《かたよ》りが心配です。

これから小学校へ入り、給食が始まることを考えると憂うつになります。

アドバイスを受ける

②好き嫌いをなくす何かよい方法がありましたら教えていただけませんでしょうか。

どうぞよろしくお願いいたします。

スピーチのマナー

①相談の内容を明確にする

どんなことで相談をしたいのか、あいさつの後は相談のテーマを明確にすることが大切です。

②具体的な対策を聞きだす

問題がはっきりしている場合は、事情を詳しく説明したうえで、できるだけ具体的な対策を聞きだすようにするとよいでしょう。

言い換え

A「これからの健康への影響が心配です。」

保小
護学
者校

いじめにあっている子の相談

お礼のことば ・・・ 相談内容 ・・・ 先生へのお願い

いつも直美がお世話になり、ありがとうございます。また①本日はお忙しいなかお時間をとっていただきすみません。

実は直美がクラスの友だちとうまくいってないようなのです。10日ほど前でしたか、直美は学校から帰ってきたたと思ったとたん、しばらく部屋に閉じこもり出てこなくなりました。ようやく顔を見せたのですが、食事もほとんど食べないですぐに部屋へ戻ってしまいました。それ以来、何とか学校へは行っているものの、何を聞いても応えてくれません。直美と仲の良い友だちに電話をしたところ、直美がクラスで仲間はずれになり、無視されていると聞き驚きました。いじめというと大げさかもしれませんが、親にも話せず一人で悩んでいるようでしたので、A思い切って相談にまいりました。②先生のお耳には何か入ってますでしょうか。娘の友だちからの聞いたことですので、先生からも事実を確認していただき、早急に対処していただきますようお願いいたします。

TONE まじめに

スピーチのマナー

①時間を割いてもらうことへのお礼を述べる

電話や手紙などであらかじめ連絡し時間を割いてもらった場合には最初にお礼を述べるようにします。

②状況判断が大切

いじめはデリケートな問題なので「いじめがあった」という直接的な言い方は避けた方が無難です。まずは冷静に事実の確認を求めましょう。

言い換え

A「子どもに代わって相談にまいりました。」

保護者 小学校

スマートフォンについての相談

TONE まじめに

お礼のことば

いつも康平がお世話になっております。今日はスマートフォンのことでご相談申し上げたくまいりました。どうぞよろしくお願いいたします。

相談内容

康平は学校のクラブではなく、地元のサッカークラブに入っています。そのクラブの子どもたちはどうやらスマホを持っている子どもが多いらしく、最近康平もやたらとスマホを欲しがるようになりました。

私も主人も小学生にスマホを持たせるのは早すぎると反対しているのですが、①康平は「スマホを持っていないと仲間はずれにされる」とまで言い張るのです。

アドバイスを

A私たちには現状がよくわかりません。

②小学生にスマホを持たせてよいものなのでしょうか。もし与えたとしたら、親はそれをどんなふうに管理していけばよいのでしょうか。ご指導をいただきますよう、お願いいたします。

スピーチのマナー

①子どもの言い分

子どもがなぜスマートフォンを持ちたがるのか、子どもの言い分はできるだけ正確に伝えます。子どものことばを借りるのもよいでしょう。

②先生の意見を仰ぐ

親には限界があることを明示して、他の子どもたちの現状を知っている先生に意見を仰ぐようにします。

言い換え

A「私たちには対応しかねます。」

保護者 小学校

進学についての相談

TONE まじめに

お礼のことば

いつも由紀がお世話になり、ありがとうございます。

夏休みが過ぎ、①**そろそろ志望校を決めなければならない時期がきたと思っております。**

相談内容

娘は6年生のはじめに第一志望として提出したT女学院を受けたいと申しております。

勉強もだいぶ頑張っているようですし、できれば望みどおりにしてやりたいと思っておりました。

でも、夏休みに受けた模擬試験ではあまり成績がかんばしくなく、親としてはちょっとむずかしいのでは……と躊躇《ちゅうちょ》しています。

A先生はどのようにお考えでしょうか。

今の偏差値で合格の可能性がどのくらいあるのか。

このまま第一志望にしてよいのか。

先生の意見

②**日ごろの由紀の勉強の様子をよくご存知の先生にお話を伺いたいと思っております。**よろしくご指導ください。

スピーチのマナー

①相談の主旨

相談が何回目かにあたる場合には前回の内容を整理しながらなるべく具体的な意見を述べるようにしましょう。

②具体的な質問を向ける

質問が漠然としているとその答えも漠然としたものになりがちです。具体的な質問を向けて判断材料を増やすようにしましょう。

なお、受験の合否がわかったら、早めに、相談した担任に連絡するのがマナーです。

言い換え

A「先生の見解はいかがでしょうか」

保護者　小学校

家庭訪問での相談

TONE 謙虚に

訪問へのお礼

①**先生、本日はお忙しいなか、お時間を割いていただきまして、ありがとうございました。**今日は先生と直接お話しできることを楽しみにしておりました。どうぞよろしくお願いします。

相談内容

息子の竜彦は、家では何をやるのにも時間がかかり、スローペースです。朝もぐずぐずしているので、せき立てて送り出し、何とか授業に間に合わせるのにひと苦労です。家でもこんなふうですから、集団で行動することが基本の学校生活の中で竜彦がうまく溶け込めているのかが心配です。

先生の意見を伺う

②**学校での様子はいかがでしょうか。**家では学校であったことなどをあまり詳しく話してくれませんので、今日はそのあたりをゆっくりと伺えればと思っております。

もし、家庭でできることがありましたら対処していきたいと思いますので**Ａご指導のほど、よろしくお願いいたします。**

スピーチのマナー

①訪問へのお礼を述べる
家庭訪問は、まずはじめにわざわざ足を運んでいただいたことへのお礼を述べるのが礼儀です。

②学校での様子を尋ねる
家庭での子どもの様子を話した後はふだん知らない学校での様子を尋ねましょう。

言い換え

Ａ「遠慮なくご指摘いただきますようお願いします。」

保護者
中学校

部活と勉強についての相談

お礼のことば……

いつも息子の雄一郎がお世話になっております。本日は①息子の部活と勉強の両立についてご相談させていただきたいと思います。よろしくお願いいたします。

相談内容……

現在、息子はバレーボール部に入っており、毎日練習に明け暮れております。

スポーツに夢中になるのはよいのですが、気になるのは今年に入ってから成績が落ちていることです。もうすぐ夏休みになりますが、同級生の友だちの多くが受験体制に入っているというのに、家《うち》の雄一郎はまったくクラブ活動を休む気配はなく、年内は部活を続けると言い張るのです。

両立するには……

このままでは入れる高校がなくなってしまうのでは、と親としては気が気でなりません。でもあまりきつく諭《さと》して、本人を刺激してもいけないと腫《は》れ物にさわるような状態です。

部活と勉強をA両立させるための良い方法はありますか。②長年の経験からのお知恵を拝借できないでしょうか。

TONE まじめに……

スピーチのマナー

①相談事をしぼる

忙しい時間を割いてお願いするのですから、先生に相談をもちかけるときには、相談事のテーマを絞ることが大切です。

②長年の経験を立てる

これまで数多くの似たようなケースを扱ってきた先生ならではのアドバイスをいただくようにしましょう。

言い換え

A「両立は果たして可能でしょうか。」

保護者 中学校

成績についての相談

TONE まじめに

お礼のことば

いつも小百合がお世話になり、ありがとうございます。本日は小百合の成績について、先生にご相談がございます。

相談内容

小百合は1年生のときは、どの科目も平均点は取っており、中の上といったところでした。ところが2年生になってから、授業内容のレベルもアップしたのか、成績が下がりはじめました。特に理数系の科目について成績の低下が目立つようになりました。本人も気にしていて、1学期の終わりの成績表を手にしたときにはしばらく落ち込んでいました。

①私ども親としては、理数系の科目だけでも塾へ通わせたいと思っているのですが、本人は将来文科系を目指しているため、理数系の塾へ通うことにはあまり乗り気ではないようです。

先生のアドバスを

②不得意教科がある場合は、やはり塾へ通わせたほうがよいのでしょうか。Aまた塾へ入れるタイミングなどあれば、教えていただきたいと思います。

スピーチのマナー

①親の立場をはっきりさせる

本人の意見と親の考えが違う場合は、違いをはっきりさせたうえで相談に臨むようにします。

②判断材料のひとつにする

先生の意見を聞いたうえで、塾へ入れたほうがよいのかなど、判断材料のひとつにします。

言い換え

A「塾へ通わせる以外にも何か方法があれば」

保護者
中学校

引きこもりの相談

TONE まじめに

お礼のことば

川西先生①**本日はお忙しいところ、時間をつくっていただきありがとうございます。**昨日お電話で簡単にお話ししましたが、息子の俊哉の引きこもりのことでご相談に上がりました。

相談内容

俊哉が学校に行きたくないといって、家の部屋に引きこもるようになって1カ月が経ちます。

朝になるとお腹が痛いといって部屋へ戻ってしまうのです。はじめは体の具合でも悪いのかと思いましたが、どうも原因は他にあるようでした。

少しずつ聞きだしたところ、どうやら学校で、友だちから仲間はずれにされているらしいということがわかってまいりました。同伴するからいっしょに学校に行こうと何度か諭《さと》してみたのですが反応はなく、このごろはさらにエスカレートして部屋にこもる時間が長くなりました。

先生へのお願い

②**先生、この件で何かお心あたりはございますか。**A今後どのように対処していけばよろしいでしょうか。

スピーチのマナー

①先生へのお礼

電話などで事前にお願いし、時間をつくってもらった場合には丁重にお礼のことばを述べるのが礼儀です。

②慎重に学校の様子を聞く

学校で何かあったらしいと判断した場合も、まずは様子を聞いたうえで対処について先生に相談するという姿勢をとるようにします。

言い換え

A「何か良い対処法があれば教えていただけますか。」

保護者 中学校

家庭訪問での相談

TONE 謙虚に……

はじめのあいさつ

先生、①本日は遠いところをようこそおいでくださり、ありがとうございました。

洋子がいつもお世話になっております。

家庭の状況

洋子は3人きょうだいの末っ子で、わがままで甘えん坊のところがありますが、家庭的には小学生ぐらいまでは、特に問題はありませんでした。ところが中学に入ってから、服装のことで父親に注意をされたことから喧嘩になり、父親との関係がうまくいっていないのです。父親といるのを避けるようになり、最近では口もきかなくなりました。

思春期の女の子特有のできごとなのかもしれませんが、家庭の中の空気が重いのです。

先生からのアドバイスを

最近、学校での洋子の様子はいかがでしょうか。

このままの状態でほうっておいて大丈夫でしょうか。

②母親として、私に何かできることはないでしょうか。

Aお知恵がありましたら拝借したいと思っております。

スピーチのマナー

①お礼の気持ちを態度で示す

家庭訪問はわざわざ来ていただいたという気持ちを込めて深く一礼をして、丁重に迎えるようにします。

②親にできること

さまざまなケースを見てきている先生に、客観的な立場からできることをアドバイスしてもらいます。

言い換え

A「何かよい方法があれば教えていただきたいと思います。」

幼稚園 父母代表

懇親会

TONE 明るく

あいさつ

みなさんこんにちは。私はうさぎ組、川村翔太の母でございます①**父母を代表してひと言ごあいさつ申し上げます。**本日は日ごろお世話になっております園長先生をはじめ先生方との懇親会ということで、とても楽しみにしております。

先生への感謝のことば

子どもたちが集団生活をはじめて1年が経とうとしていいます。運動会やお遊戯など、子どもたちにとっては初めてのことばかりでしたが、子どもたちの喜ぶ姿は**Ａ親にとっても新鮮でした。**

先生方の愛情のこもったご指導のおかげで子どもたちは健やかな毎日を送っております。保護者を代表して心から感謝申し上げます。

本日は先生方と楽しい交流の時間を持ちながら、日ごろの子どもたちの様子などをお聞かせいただければと思います。

今後のお願い

今後も②**先生方と力を合わせて子どもの成長を見守っていきたいと思います。**どうぞよろしくお願いいたします。

スピーチのマナー

①父母を代表して
自己紹介の後に保護者代表であることを述べ、先生方への感謝の気持ちを述べます。

②力を合わせて
保護者と先生との交流の場なので、和める雰囲気づくりを心がけます。協力を求めるのもよいでしょう。

言い換え

Ａ「親にとっても喜びでした。」

父母代表　幼稚園

先生との送別会

TONE 感謝して

お礼のことば

さつき組でお世話になりました小田りょうの母です。園長先生をはじめ諸先生方にはこの3年間大変お世話になりました。①**保護者を代表いたしまして、心からお礼を申し上げます。**

子どもたちの成長ぶり

3年前、この幼稚園の門をくぐったときには親の手を離さなかった子どもたちも、今ではすっかり園の生活に慣れ、たくさんの友だちをつくることができました。

親としても子どもたちの成長ぶりを間近に見ながら**A子どもたちと歩んだ実りある3年間でした。**

これも熱心で愛情あふれる先生方のご指導のおかげと、心より感謝しております。

新スタートに向けて

4月からはいよいよ小学校へ入り、小学生としての新しい生活がはじまります。②**幼稚園で得たものを大切にしながらこれからも子どもたちの成長を見守っていきたいと思います。**先生もお元気で。ますますのご活躍をお祈りいたします。

スピーチのマナー

①心からのお礼
保護者を代表してお世話になった先生へのお礼を述べます。お礼を述べた後は深々と頭を下げて感謝の意を表しましょう。

②ステップへのことば
幼稚園で得たものを次のステップへつなげるような希望に満ちたことばで締めましょう。

言い換え

A「とても楽しい、あっという間の3年間でした。」

小学校 学級委員

クラス保護者会の懇親会

TONE 明るく

はじめのあいさつ

みなさん、こんにちは。6年3組矢島信吾の母で、このたび学級委員を仰せつかりました。①本日は新しいクラスになってからはじめての懇親会ですね。どうぞよろしくお願いいたします。

出席者への呼びかけ

私もまだ全員の方のお名前を存じ上げていませんが、みなさんと交流をもてることが楽しみです。

これから1年間、仲良くやっていくための懇親会ですから、硬くならずに、軽食でもつまみながら、ざっくばらんにおつき合いいただければ、と思います。

子どもたちも反抗期やら思春期を迎えてむずかしい年頃です。親である私たちも共通の悩みをかかえてストレスもたまっていると思いますので、Aこれを機に打ち解けてよい関係が結べることを期待しています。

今後のお願い

②今後もこのような機会をもうけたいと思いますので、お誘い合わせのうえ、みなさんのご参加をお願いいたします。

スピーチのマナー

①はじめての懇親会

はじめての懇親会では出席する保護者も緊張しがちです。あまり硬くならずにリラックスできる雰囲気づくりを心がけましょう。

②次回への呼びかけ

今回懇親会に参加できなかった人も含めて次回への参加を積極的に呼びかけましょう。

言い換え

A「保護者同士の交流の輪が広がればよいと思っています。」

小学校 学級委員

担任の送別会

TONE 感謝して

あいさつ

みなさん、こんにちは。本田奈々の母です。本日は学級委員を代表してひと言ごあいさつさせていただきます。

①担任の後藤先生には2年間お世話になりまして、ありがとうございました。

先生の人柄

後藤先生は子どもたち1人ひとりの個性をとても大切にしてくださいました。おかげで子どもたちは**Aすこやかに成長することができました。**

最近は勉強・成績第一主義で画一的な教育をする先生が多いなかで、後藤先生の個性的な授業は子どもたちにとっても楽しいものだったようです。

また、教科書の授業以外でも、小さな動物を思いやる気持ちとか、育てる大切さを教えていただき、本当に感謝しています。

エールを送る

どうか②転任先の学校でも、子どもたちの心に響く授業を続けていただきますよう、お願いいたします。

スピーチのマナー

●最近の傾向

お世話になった先生の送別会は行わない傾向にあるようですが、地域によってはまだ行われています。行われる場合は有志によるケースが多いようです。

①先生へのお礼のことば

お世話になった先生へ、保護者を代表する立場でお礼のことばを述べます。述べたあとで、先生のほうを向いて一礼します。

②エールを送る

最後は先生に花を持たせることばで締め、和やかな送別会へと導きましょう。

言い換え

A「のびのびと個性を伸ばすことができました。」

小学校 学級委員

担任の歓迎会

TONE 明るく

あいさつ

みなさん、こんにちは。学級委員の土屋です。土屋秀樹の母親です。本日は、今年4月から4年2組のクラスの担任になられた沼田先生を囲む会を開くことになりました。①**沼田先生、どうぞよろしくお願いします。**

先生の経歴

沼田先生はここに来る前は小笠原の小学校で教鞭《きょうべん》をとられていたとお聞きしています。

向こうでは、子どもたちと自然のふれあいを大切にしていたとのことです。

昨今の子どもたちは家に帰るとスマホやゲームで遊んでばかりで、ひ弱な子が増えているような気がいたします。

どうか、このクラスの子どもたちにも小笠原での経験を生かして、校外活動の指導をお願いしたいと思っております。

保護者への呼びかけ

保護者のみなさんも②**せっかくの機会ですので、先生との交流を存分に楽しんでいただきたいと思います。**

短い時間ですが、楽しいひとときを過ごしましょう。

スピーチのマナー

●最近の傾向

先生の歓送迎会などの行事は控える傾向にありますが、地域と一体となっているような学校では、新任の先生を歓迎する会が行われます。そうした歓迎会の例です。

①ウエルカムの気持ちを込めて

新任の先生は、先生自身も緊張している場合が多いので、ウエルカムの気持ちを込めて、温かく迎えてあげましょう。

②交流の呼びかけ

新しいクラスでは保護者同士もまだなじみが薄い場合が多いので、先生を交えた積極的な交流を促します。

小学校 父親代表

お父さんの懇親会

TONE ざっくばらんに

自己紹介

みなさん、はじめまして。5年2組渡辺啓二の父でございます。私は地元の商店街で洋菓子屋をやっております。

①このような場でお話しするのははじめてですので、緊張していますが、本日は父親代表ということでひと言ごあいさつをさせていただきます。

子どもの様子

家で商売をしているせいか、比較的子どもとの接触は多いと思います。**②家でひとつ決めていることは夕食の後にひと言でいいから、学校のことを報告させるようにしていることです。**子どもの教育はどうしても母親が主体となりがちですが、わたしは「父親と母親は対等、どちらも同じように子どもと関わるべき」と思っています。いま流行りのイクメンです。

参加者への呼びかけ

とはいうものの、今日は母親抜きの父親だけの懇親会ですから、日ごろ疑問に思うことや悩みなどを**A**ざっくばらんに話し合えればよいのではないのでしょうか。

みなさまとの楽しい交流になることを期待しています。

スピーチのマナー

①父親代表として

ほとんどのお父さんはこのような場に慣れていないので、正直な感想はかえって好感をもたれます。「父親代表」のひと言だけは忘れずに。

②家庭の様子

子どもとの約束ごとや、趣味など子どもに関する印象的な話題を提供しましょう。ただし子どもの自慢話やグチにならないように気をつけましょう。

言い換え

A「心おきなく語り合えれば……と」

クラス保護者会の懇親会

中学校 学級委員

あいさつと自己紹介

みなさん、本日はお忙しいところ2年D組の学級懇親会にお集まりくださいまして、ありがとうございます。私は本年度の学級委員の友永です。よろしくお願いいたします。

クラスの様子

新しいクラスになり、2カ月が経ちました。**①子どもたちもクラスの雰囲気にもだいぶ慣れ、新しい友だちとのつき合いが楽しい時期だと思います。**

来年には受験を控えており、思春期というむずかしい時期を迎えているため、さまざまな問題や悩みが生じることも予想されます。

私たち保護者は、これから2年間おつき合いしていくことになりますので、同じ世代の子どもを抱える者同士、A助け合っていきたいと思っております。

参加者への呼びかけ

本日はじめて顔を合わせられる方も多いことでしょう。**②私もこの懇親会を通して、多くの方々と交流を持ちたいと考えております。**よろしくお願いいたします。

TONE 明るく

スピーチのマナー

①クラスの印象

学級委員としてクラスの印象を語ります。懇親会なのであまり堅苦しくならずに、共有できる話題を提供するとよいでしょう。

②多くの人との交流を

学級委員自らが交流を持ちたいと話すことで場の雰囲気がもりあがります。積極的な呼びかけが大切です。

言い換え

A「気軽に意見の交換ができる場になればよいと思っています。」

中学校 学級委員

担任の送別会

TONE 感謝して

はじめのあいさつ

みなさん、こんにちは。①**本日はお忙しいなか、村山先生の送別会に集まりいただきまして、ありがとうございました。**

私は細谷翔太の母の細谷順子です。

先生へのお礼

村山先生はあるときは厳しく、あるときは優しく、いつも生徒の立場に立ちながら、けじめのある指導をしてくださいました。②**息子に言わせると「ドラマに出てくるような熱血漢で、話のわかる兄貴のような先生」だそうで、**人気者になるのももっともだと思います。このような先生に指導をしていただいた子どもたちは本当に幸せです。

村山先生、本当にありがとうございました。

エールを送る

先生が転任されるのは、子どもたちや私たち保護者にとっても大変残念ですが、ここで出会った生徒たちのことを忘れずに、新しい学校でもA**立派な教育者として活躍されることを祈っております。**

本日が思い出深い1日になることを願っています。

スピーチのマナー

①出席者へのお礼

大きな会なら司会者が言うことばですが、学級委員は主催者の側なので、先生と保護者へのお礼を述べます。

②先生の印象を語る

先生の思い出で印象的な出来事を語ります。子どものことばを借りると臨場感があります。

言い換え

A「ますますのご活躍をお祈りしております。」

中学校 学級委員

クラス保護者会の卒業祝い

はじめのあいさつ

みなさん、こんにちは。**①本日はお忙しいなか、3年2組の「卒業を祝う会」にご出席いただきまして、ありがとうございました。**私は本日の幹事を務めます須藤八重子です。どうぞよろしくお願いします。

先生へのお礼

担任の的場先生には、生活指導から受験指導まで、多方面にわたり子どもたちの面倒をみていただきました。

おかげさまで、3年2組の生徒全員が無事に卒業することができました。**②先生には保護者を代表いたしまして心から感謝を申し上げます。**

保護者への呼びかけ

中学校の3年間というのは、人格や将来の方向が見えてくる時期でもあり、今後の長い人生においても大切な時期だと思います。学校生活を通してできた友だちや、学んだ出来事はきっと次のステップへと生かされることでしょう。

今日の日の喜びを保護者のみなさまと分かちあいたいと思います。**A心ゆくまで楽しみましょう。**

TONE 明るく

スピーチのマナー

①出席者へのお礼

自己紹介のあと、出席者へのお礼を述べます。お祝いの席なので明るい声ではきはきと話しましょう。

②先生への感謝のことば

お世話になった先生への感謝のことばを述べます。クラスを代表する立場なので、子どもの自慢話などは控えるようにします。

言い換え

A「今日のよき日を祝して杯をあげましょう。」

第6章

地域の子ども会・サークルでのあいさつ

子ども会 保護者代表

新入生歓迎会

TONE 明るく

子どもたちに向けて

みなさん、こんにちは、**①子ども会にようこそ。**今年は6人のみなさんが、この地区の子ども会に入ってきました。ありがとうございます。

子ども会の説明

子ども会は、小学校入学時から卒業するまで、6年間入ってもらう会です。なかには、中学校に入学してもイベントに参加してくれる名誉会員もいます。**②これから長いおつき合いになると思うので、よろしくお願いいたします。**

保護者へのあいさつ

保護者のみなさまのなかには、すでに上のお子さまが入会されていて、子ども会の活動はよくご存じの方もいるでしょう。

しかし、**③はじめての方は学校とは別に、どんな活動をするのか**疑問というか、心配な方もいるかと存じます。ひと言で言えば子どもたちが年齢の壁を越えて遊んだり学んだりしながらすくすく育つ、それをお手伝いする会です。Aご理解の上、ご協力のほどをよろしくお願いいたします。

スピーチのマナー

①歓迎のことば

子どもたちに向かって、歓迎の気持ちを伝えます。笑顔いっぱいに「ようこそ」と言ってあげましょう。

②やさしく「よろしく」と伝える

不安な子どもたちに向かって、やさしく長いつき合いのお願いをします。

③はじめての保護者へ

子ども会とはどんな会か知らない保護者に、有益な組織であることを伝えます。

言い換え

A「保護者のみなさまのご協力を切にお願いいたします」

子ども会保護者代表

地域の清掃活動

TONE はつらつと

はじめのあいさつ

みなさん、おはようございます。今日は○○地区の清掃活動の日です。町内会のみなさんは、用水路の清掃を始めていますが、子ども会のみなさんも、**①道路のゴミを集め町内をきれいにする活動に協力してください。**

注意事項の説明

これから2時間ほどゴミ集めをしてもらいますが、**②注意していただきたいことがいくつかあります。**１つは、ここは交通量が少ない道ですが、それでも車を見かけたら、すぐに道路の脇に移ってください。２つめは、今日は気温がぐんぐん上がる予想なので、こまめに水筒の水を飲んでください。気分が悪くなったら、おとなの人に言って日陰で休んでください。それからゴミは直接手で触らず、トングで挟んでゴミ袋に収集してください。これから軍手を配ります。

激励のことば

それでは、これより町内の清掃活動を始めます。おとなの人たちに負けないように、みなさんの手できれいな町にしてください。Aみなさん、がんばりましょう。

スピーチのマナー

①協力のお願い
おとなが行う町内会活動に、子ども会も協力する活動として町内の清掃活動や老人ホーム訪問などがあります。保護者を代表して子どもたちに協力を仰ぎます。

②安全のために
安全な活動をするための注意事項を伝えます。川などの水場の清掃なら、転倒や水難事故に十分気をつけるよう注意します。

言い換え

A「最後まで、楽しくはたらきましょう」

盆踊り

子ども会保護者代表

TONE 明るく

はじめのあいさつ

みなさん、こんにちは。今日は、年に1度の盆踊り大会です。まだ日が暮れる前ですが、夜の9時まで音楽が流れますので、①**櫓《やぐら》を囲んで踊ってください。**

子ども会の特典などの説明

子ども会のみなさんには、②**屋台の食べ物や金魚すくいに使える引換券をお渡しします。**引換券を超える分は、みなさんのおこづかいの中から出してください。

注意事項とお願い

そろそろ、音楽が流れてきましたが、気をつけてもらいたいことが3つあります。③**1つめは、知らない人から声をかけられても絶対ついて行かないことです。**2つめは、知らない人の写真や動画を許可なく撮影して、④**浴衣姿などをスマホで流さないこと。**なにかの犯罪につながることがあるので注意してください。3つめは、9時に終わるので保護者が来ている人はいっしょに、来ていない人も、ひとりにはならずまっすぐ帰宅することを守ってください。

それでは、たくさん踊って楽しんでください。

スピーチのマナー

①楽しんでくれるように促す
浴衣姿の子どもたちが参加すると、盆踊りはいっそう賑わいます。積極的に踊りの輪に加わるように促します。

②子どもたちの特典
始まる前に、たこ焼きなど屋台の食べ物が楽しめるチケットを渡します。使い方の説明をします。

③当たり前のことでも念を押して
最近は子どもたちをねらった犯罪が増えています。当たり前の注意事項でも念を押すことが大切です。

④最近、必要な注意
画像や動画は思わぬところで悪用されかねないので、許可なく撮影することを禁じます。

子ども会保護者代表

朝のラジオ体操

TONE はつらつと

朝のあいさつ

みなさん、おはようございます。**Aとても元気でよいあいさつですね。**今日から10日間、こちらの神社の境内をお借りしてラジオ体操を行います。お父さん、お母さんが交代で体操の指導を行いますので、よろしくお願いいたします。

ラジオ体操の目的

毎日暑い日が続きますが、**①ゆうべはよく眠れましたか？**暑くて寝苦しかったと言う人もいるかもしれませんが、夏休みは起きる時間や寝る時間が不規則になり、体調を崩す子どもたちが多いようです。**②いつもの時間に起きて、よく食べてよく眠ることが大切です。**それには、まだ気温が上がらないうちに行う朝のラジオ体操は、とても健康によい運動です。みんなで集まる体操は10日間だけですが、夏休みの間、家で続けるとよいと思います。**③最近、少し太ったというお父さん、お母さんにもぜひ勧めてください。**

ラジオ体操第１から

それでは、そろそろラジオ放送が始まりますので、用意をお願いいたします。

スピーチのマナー

①健康への気づかい
夏休みに入って行うラジオ体操なので、体調に変化はないか聞きます。

②健康維持のアドバイス
健康維持に欠かせない、食欲の維持と十分な睡眠についてアドバイスします。

③ユーモアを交えて
家に帰って、保護者にもラジオ体操の有効性を伝えるようにユーモアを交えて話します。

言い換え

A「大きくて、はつらつとした元気なあいさつですね」

子ども会保護者代表

レクリエーション活動

TONE はつらつと

天候の話から

今日は、恒例の子ども会レクリエーションの日です。みなさんの日ごろの行いがよいせいか、A青空が広がる秋晴れに恵まれました。

それぞれの地域の班ごとに競いますが、①はじめて参加するみなさんは、高学年のお兄さんお姉さんの言うことをよく聞いて競技してください。競技の運営にあたっては、保護者のみなさんや中学校、高校に進学した先輩たちもお手伝いに駆けつけてくれました。ありがとうございます。

協力者への感謝のことば

また、②校庭を貸していただいた小学校の○○校長先生もお見えです。わざわざお越しいただきました。ありがとうございます。

注意事項の説明

最後になりますが、今日はこのような晴天です。③十分な水分補給を忘れないでください。また、はりきり過ぎてけがなどないように、一日楽しんでください。それでは、プログラム1の準備体操からスタートしましょう。

スピーチのマナー

①初参加の新入生への気配り
はじめての参加で戸惑う子どもたちに向かって、リラックスできるよう助言します。

②来賓の紹介
小学校の校長など、地域の重鎮を紹介しながら、校庭を貸してくれたことへのお礼を述べます。

③欠かせないアドバイス
夏だけでなく春や秋も熱中症になりやすいので、水分補給は欠かせないアドバイスです。

言い換え

A「雲ひとつない晴天に恵まれました」

子ども会
保護者代表

地域の工場見学

TONE
なごやかに

はじめのあいさつ

今日は、①町内にある○○食品の工場とリサイクルセンターの見学を行います。町内の△△観光に協力いただき、保護者の方とあわせて、３台のバスに分乗してまいります。

見学する工場の説明

はじめに見学する○○食品は、テレビコマーシャルでおなじみのおせんべいを生産しています。みなさんも１度は食べたことがあるでしょう。新製品の試食やお土産もあると聞いていますから、楽しみにしてください。

リサイクルセンターは、各家庭で分別されたゴミを新しい資源に再生する最新の設備が整っているとのことです。②ゴミ出しのルールを守ることがどうして重要なのか、工場の方の話をよく聞きましょう。

見学のスケジュール

③最後に本日の予定ですが、10時から12時まで○○食品を見学、河原公園で弁当をいただき、２時からリサイクルセンターに行き、ここに５時に戻る予定です。Ａ１日、たくさん学んでたくさん楽しんでください。

スピーチのマナー

①見学先の説明
市内にある工場を見学することを伝えます。

②社会の勉強
学校でも学ぶことですが、地域の一員としてリサイクルの大切さを工場見学によって、いっそう身につけてもらう目的で行います。

③本日の予定
あらかじめ文書で案内していますが、見学がはじまる前のあいさつなので、大筋は伝えておきましょう。

言い換え

Ａ「大いに学び大いに遊ぶ、思い出深い１日にしてください」

子ども会
保護者代表

新年会

TONE
なごやかに

はじめのあいさつ

①**みなさん、あけましておめでとうございます。**○○地区育成会会長の東山と申します。お正月は楽しく過ごされましたか？　お年玉をたくさんもらいましたか？　外はお正月から降り続く雪ですが、A元気よく一日過ごしてください。

保護者といっしょに楽しむ

目の前のテーブルに並んだごちそうは、保護者のみなさんが持ち寄ってくれたものです。家でお手伝いした人はいますか？（返事を待って）さすがに高学年のみなさんはお手伝いしたようですね。これから食事会となりますが、保護者の方と子どもたち、みなさんで楽しんでください。②**食事のあとは親子ゲーム大会で盛り上がってください。**

のちほど、自治会のみなさんが、獅子舞を披露してくれるとのことです。楽しみにしてくださいね。

協力者へのお礼

最後になりますが、飾りつけ、飲み物のご提供など、いろいろご協力してくださり、ありがとうございます。③**杉山自治会長をはじめ**自治会のみなさんに厚くお礼申し上げます。

スピーチのマナー

①新年のあいさつ
「あけまして、おめでとう」は新年会には欠かせない冒頭のあいさつです。

②ゲームで盛り上がる
子ども会の行事では親子で楽しむものも少なくありません。親子で一日楽しめるように促しましょう。

③お礼のあいさつ
自治会の代表者である会長の名前を挙げて、協力のお礼を述べます。

言い換え

A「楽しい時間を過ごしてください」

子ども会
在校生
保護者代表

卒業生を送る会

TONE なごやかに

お祝いのことば

これより、卒業生を送る会を始めたいと思います。

まず、今年、小学校を卒業した6人のみなさん、卒業おめでとうございます。**①卒業生の保護者のみなさん、6年間おつかれさまでした。本日はおめでとうございます。**

お礼のことば

すでに小学校での卒業式は済んでいますが、恒例にしたがいまして、地域の子ども会として、お祝いを申し上げます。

卒業生のみなさんには、**②この1年間最上級生として子どもたちの面倒をみてくださり、ありがとうございました。**

この4月からは中学生となりますが、夏のバーベキューや秋のレクリエーションには卒業生も多く参加します。ぜひ気軽に参加してください。

子どもたちを送ることば

③地域は過疎化の影響もあり、年々子どもが少なくなる現状です。 中学生になっても、高校生になっても子ども会の仲間として、後輩たちを温かく見守ってほしいと願います。どうか、よろしくお願いいたします。

スピーチのマナー

①保護者へのお祝いのことば

出席している卒業生の保護者に向かってお祝いを述べます。

②卒業生へのお礼のことば

子ども会に参加し後輩の面倒をみてくれたことへのお礼を述べます。

③過疎化による少子化

子どもが少なくなりつつある地域は多いでしょう。過疎化であるからこそ、子どもたちや卒業生の地域参加は大きな希望です。その点を強調したあいさつです。

子ども会育成会役員

育成会総会でのあいさつ

TONE なごやかに……

総会出席のお礼

それでは、これより○○年度、××地区育成会の定期総会を行います。本日の進行役を務めさせていただきます、松本と申します。A平日の夜にもかかわらず、多くの保護者の方にご出席いただきまして、お礼申し上げます。

総会成立の案内

まず、本日の出席は28人、委任状24件で会員数の8割となりますので、①本総会は成立することをご案内申し上げます。

審議事項の確認

本日の議事は、②お手元の資料に従い進行いたしますので資料をご覧ください。はじめに昨年度の事業報告、決算報告を続けていたします。質疑応答はこのあとにお願いいたします。昨年度の報告が承認されたら、今年度の役員の選任、事業計画と予算案の順にご提案いたします。新役員には候補方がいらっしゃるので、スムーズな進行ができると思います。事業計画、予算案をご承認いただいたあと、新役員のごあいさつがあります。全体で③1時間程度を予定しておりますのでご協力をお願いいたします。

スピーチのマナー

①総会成立の案内
規約に基づき、本総会が成立することをまず宣言して審議に入ります。

②資料の案内
事業報告、決算報告、予算案などを正確に記載した資料は必須アイテムです。万全の準備を。

③全体の時間の案内
忙しい出席者も多いので、何時ころに終わるのか審議にかかるおおよその時間を、はじめに案内します。

言い換え

A「お忙しいなかを……」
「足元のお悪いなかを……」

子ども会育成会役員

緊急集会でのあいさつ

出席いただいたお礼　招集の理由　具体的な活動について

本日はお忙しいなか、**①急なお声かけにもかかわらず**、多くの保護者の方にお集まりいただき、ありがとうございます。

さっそくですが、Ａ緊急にみなさんにお集まりいただいたのは、最近、△△町の○○公園にバイクに乗った若者が集まり、深夜まで騒いでいることについてです。ご存じの方もいると思いますが、町内会から正式に報告があり、夕方、塾などに通うお子さんたちもいると思うので、**②保護者の方にパトロールの協力をお願いしたいという要請がありました。**

町内会のほうでも、夏休みの間行っている定期的な夜間パトロールに加え、○○公園周辺を重点的に巡回していただけるとのことです。

まだ事件や事故などが起きているわけではありませんが、**③起きてからでは取り返しがつきません。**子ども会でも、夏休みの間、おとなが、交代で夜間パトロールに加わりたいと思います。ご協力のほど、よろしくお願いいたします。

TONE まじめに

スピーチのマナー

①出席のお礼
緊急な招集ですので、時間を調整し集まってくれたことへのお礼を述べます。

②町内会からの依頼内容
子どもたちの安全を守るために、地域一丸で支援していこうという趣旨を伝えます。

③切羽詰まった言い方で
事故や事件は起こってからでは遅いので、真剣な表情で協力を仰ぎましょう。

言い換え

Ａ「急きょ、ご相談したいことができたのは、」

会長就任のあいさつ

子ども会育成会会長

TONE まじめに

自己紹介

ただいま、○○育成会の会長にご推挙いただきました、藤田光一です。5年生の藤田みほりの父親です。①**三丁目の交差点で酒屋を営業しています**ので、お見知りおき願います。

旧役員への感謝のことば

この2年間、会長を務めてくださった山田様には、本当にお疲れさまでした。

そのほかの役員のみなさまも、いろいろな行事を企画、実行いただき、子どもたちがどれほど楽しんだかわかりません。どうもありがとうございました。②**保護者を代表してお礼を申し上げます。**

会長としての抱負

これから1年間、子どもたちの健全な育成に少しでもお役に立ちたいと思いますが、もちろん、育成会を運営していく仕事は、③**ひとりでできるものではありません。**副会長や、ほかの役員のみなさん、保護者のみなさんのご協力をなくして、進めることはできません。**A微力ながら一生懸命務めさせていただきます**ので、どうぞよろしくお願いいたします。

スピーチのマナー

①お店のアピール

地域での役員なので商店の経営者などは、お店の名前を挙げて親しみを持ってもらう方法もあります。

②旧役員へのお礼

地域活動の役員は、基本、無償ボランティアです。子ども会のために尽くしてくれたことに、新会長として感謝のことばを送ります。

③協力のお願い

会長職などリーダーに推されたときのあいさつでは、他の役員や一般会員の協力なしでは運営できないことを強調し、協力を仰ぎます。

言い換え

A「及ばずながら、最善を尽くします」

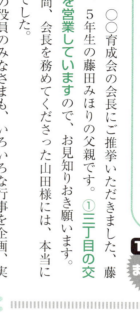

地域のチーム保護者代表

サッカーチームの新入生歓迎会

TONE 明るく

歓迎のあいさつ

みなさん、おはようございます。わが○○フットボールチームにようこそ。**①保護者を代表して、歓迎のことばを申し上げます。**

新入生へのアドバイス

みなさんは、サッカーの経験はありますか？　学校でたくさんボールを蹴っている子も多いでしょうが、ほとんどはじめてボールを蹴る子もいることと思います。でも心配はいりません。いまのレギュラーのなかにも、ここではじめてサッカーを始めた先輩もいます。大事なのは、**②なかなか上手になれなくても、決してあきらめないことです。**監督やコーチのアドバイスにしたがって、こつこつ練習を積み上げれば、いつか試合で活躍できる日が来ることでしょう。

保護者への協力のお願い

保護者のみなさまも、どうか温かい目で子どもたちを見守ってください。それから、このチームの保護者会も子どもたちへの支援活動を続けていますので、**③積極的な参加をお願いいたします。**

スピーチのマナー

①保護者を代表して

クラブの監督のあいさつに続き、現在在籍するチームメイトの保護者を代表して歓迎の意を表します。

②希望を与える助言

不安な表情の新入生に希望を与えるアドバイスをします。

③保護者活動への支援のお願い

地域の子どものクラブは、遠征へのサポートなど保護者の協力によって成り立っている面もあります。保護者代表として積極的な協力をお願いします。

地域のチーム
保護者代表

ソフトボールチームの激励会

TONE はつらつと

活躍への期待

練習お疲れさまでした。明日から、関東ソフトボール大会ジュニア部門の予選が始まります。**①顔を見ると、みんな日に焼けて、やる気まんまんというところですね。**

当○○ソフトボール倶楽部は、昨年の活躍もあり、男子の部も女子の部も、大いに期待されています。昨年手が届かなかった優勝旗を、ぜひ持ち帰ってください。

保護者からの応援

明日からは、保護者が一丸になって応援いたしますので、どうか精一杯プレーしてください。**②今回ベンチに入るみなさんも、応援に回るみなさんも、**心をひとつにして暑い夏をたたかってください。

選手へのお願い

最後になりますが、梅雨が明けて本格的な夏を迎えていきます。明日以降も、今日のように強い日差しのなかでの試合となります。こまめな水分補給に加えて、**③少しでも体調に変化を感じたら、すぐに監督やコーチに申し出てください。**ケガや体調不良に気をつけて、がんばってください。

スピーチのマナー

①元気いっぱいの子どもたち
まず、子どもたちの顔を見回して、やる気を促します。

②ベンチには入れない子への気配りを
ベンチに入れない子どもたちへの配慮も必要です。

③子どもが相手なので細かい注意を
体調が悪くてもプレーを続け大事にいたるケースもあります。そうしたことがないように、保護者を代表して注意しましょう。

地域のチーム保護者代表

野球チームの優勝祝賀会

お祝いのことば

○○県ジュニア野球大会での優勝、おめでとうございます。保護者を代表して、お祝いを申し上げます。

①**選手諸君、おめでとう、そしてありがとう。**決勝では5点の差を見事にひっくり返し、まさかの逆転優勝。こんなドラマを見せてくれた選手のみなさんには、A「**ありがとう**」**のことばしかありません。**

指導者への感謝のことば

また、このように強いチームに育て、かつ、子どもたちをこんなにたくましい選手に育ててくれた②**中原監督はじめコーチ、先輩のみなさんにお礼を申し上げます。**

将来に向けての期待

今回の優勝は当チームの新たな1ページを開く快挙となったとは思いますが、これで満足することなく、さらに上をめざして、いっそう練習に励んでください。そして、ふたたび、優勝の栄冠を手にすることができるよう、お祈りいたします。

今日集まっている保護者一同、③**変わらずに応援してまいりますので、**どうか精一杯がんばってください。

TONE 明るく

スピーチのマナー

①選手へ感謝のことば

「おめでとう」だけでなく、「ありがとう」と選手への感謝のことばを加えることで勝利の感動をよみがえらせます。

②指導者へのお礼

保護者として、子どもたちを勝利に導いてくれた指導者にお礼を述べます。

③保護者から支援の約束

今後の保護者が一丸となって支援していくことを約束します。

言い換え

A「感謝の気持ちしかありません」

地域活動

地域の習い事
保護者代表

ピアノ教室の発表会の慰労会

TONE なごやかに・・・・

無事に終わったことへのお祝い

本日は、定期発表会の大成功おめでとうございます。それから、お祝いを申し上げます。①保護者を代表して、②みなさんが最後まで、つまずくことなく無事に演奏できたことにホッとしています。

演奏についての感想

今日は、たくさんのお客様にお越しいただきました。会場からは、小さい子どもたちの演奏に「可愛い」というささやき声や、大きい人たちの演奏にはうっとりとした、ため息が聞こえてきました。日ごろの練習の成果がじゅうぶんに発揮されて、A大成功でしたね。

指導者たちへの感謝の気持ち

最後になりましたが、子どもたちがこんなにも成長できたのは原口先生のおかげです。感謝のことばもありません。また、演奏会の準備にご助力いただいたスタッフにも感謝申し上げます。軽食や飲み物のほか、おとなの③みなさんにはアルコールも用意してありますので、のどを潤していただければと存じます。みなさん、お疲れさまでした。

スピーチのマナー

①保護者主催の会

保護者が行事を主催する例です。代表者としてお祝いのことばを述べます。

②保護者の正直な感想

子どもの演奏会なので途中でつまずき、演奏が途切れてしまうことはありがちです。投げ出す子がいなかったことを喜びます。

③おとなたちへのねぎらい

慰労会なので、おとなたちにはビールなどのアルコールを用意して労をねぎらいます。

言い換え

A「100点満点でしたね」

第7章

PTA行事の司会・進行

司会者の役割を理解する

迷ったら基本に戻る

司会を引き受けて「なんだか大変そう」と気が重い人も多いでしょう。でも、役割ややり方がわかれば、むずかしいことではありません。

ここでは、まず司会者の役割と心得を考えてみましょう。準備期間や当日に、迷うことがあっても、この基本を思い出せば、どうすればよいのか、わかるはずです。

会の目的を頭に入れる

講演会に祝賀会に保護者会etc。PTA行事で司会が立つ催しはいろいろあって、どういうトーンにしたらよいか迷うかもしれません。司会者は、主催者の目的に合わせるのが正解です。

たとえば講演会なら「教養を高める」、「いじめ問題を考える」などの目的があります。

事前の打ち合わせで、そのあたりをよく確認して司会をします。

むずかしく考えなくても、目的がよくわかっていれば、当日の受け答えにそれが自然に出るので、いつも念頭に置いておくようにすればよいのです。

そのほかにも、左ページにまとめたように4つの役割があります。

みんなが満足するように

4つの役割以外にも、大切な心構えが2つあります。会の主役はあくまで、列席者です。会場のみなさんが有意義な時間をすごせるように演出する脇役が司会者です。相手は会場にいる全員。特定のだれかではなく、絶えず「みんな」を意識しましょう。

✳司会者の４つの役割

役割1 主催者の代理人である

列席者にとって、司会者のことばは、主催者の意見

役割2 進行係である

始めるのも終わらせるのも司会者

役割3 演出家である

会の目的にあわせて雰囲気を盛り上げる。講演会であれば、テーマや講演者に聴衆の興味が増すように

役割4 トラブル対処係である

列席者に不快感が残らないようにスマートに対処する

✳司会者の心得

心得1 脇役である

会の主役は列席者であることを意識する

心得2 公平中立である

自分の意見を述べたり、賛成反対を言ったりはしない

司会のコツ

事前の準備が成功につながる

5W1Hで効率よく

万全の準備が本番の成功を導きます。司会も例外ではありません。しかし、「万全」とは、時間をかけることでありません。ポイントを押えて効率よく漏れのない準備をすることが大切です。

ポイントを押えるためには「5W1H」が大切です。When＝いつ、Where＝どこで、Who＝だれが、What＝なにを、Why＝なぜ、How＝どのように、の6項目のことで、もともと新聞記者が記事を書くときに押えるポイントです。

情報収集が決め手

左ページはチェックリストの例です。プロの司会者であれば、講演者の送迎の手配などは考えなくてよいのですが、この本の読者は、PTAの一員として主催者スタッフでもあるので、運営面の事項も例に入っています。このように5W1Hのチェックリストを作って、打ち合せ時にどんどん書き込んでいきます。

司会者として念入りにリサーチしたいのは、人物、会場、料理などです。人物紹介では最低限プロフィールや著作の紹介は必要ですが、洋服の趣味や好みの料理などについても知っていると、小ネタのエピソードとして使えます。司会のコツは事前のリサーチにあると言ってもよいでしょう。特に、アドリブや、とっさのトラブル対処などでは、こうした小ネタが役立ちます。

講演会では、講演者の著作に目を通し、さらに開演前にあいさつして人となりを知っておきます。

＊打ち合せチェックシート

＊状況に応じて、どんどん書き込みましょう

5W1H	例１／講演会	例２／謝恩会
WHEN 日時に関すること	・開場時刻、開始時刻、終了時刻、撤収時刻 ・プログラム（あいさつ、講演、質問等の所要時間） ・送迎時間など	・開場時刻、開始時刻、終了時刻、撤収時刻 ・プログラム（あいさつ、余興、歓談等の所要時間）
WHERE 場所に関すること	・講演場所の情報（歴史、講演者とのかかわり等）など	・会場の情報（歴史、主催者とのかかわり等、名物料理、手配）　など
WHO 人物に関すること	・プロフィール、肩書（講演者、あいさつ者）など ・名前、肩書、地名の読み方は必ず確認　など	・プロフィール、肩書（あいさつ者、教師、余興演者等） ・名前、肩書、地名の読み方は必ず確認　など
WHAT 内容に関すること	・講演のテーマ ・依頼するあいさつのテーマ　など	・依頼するあいさつのテーマ ・余興を何にするか　など
WHY 目的をはっきりさせる	・催しの意図、目的、意義など	・催しの意図、目的、意義など
HOW 方法を相談する	・プログラムの順番 ・チラシやパンフレットの制作 ・照明、音響、イス、立て看などの会場設備	・プログラムの順番 ・照明、音響、イス、料理など ・過去の記録があれば参考にする　など

シンプルで役立つ進行表の作り方

スタッフ全員が進行表を持とう

打ち合せや手配がすんだら、進行表作成にとりかかります。

進行表はタイムテーブルをアレンジしたもので、紹介者の肩書き欄やメモ欄をつけ加えます。照明、BGMなどの欄を加えればスタッフ用の進行表にもなります。時間と式次第だけを書き込んだ表をスタッフ全員に渡して、各人が自分の役割を書き込むようにすると便利です。

情報は、直前まで書き込む

進行表で重要なのは、紹介者の名前や肩書きです。読み方を間違えないように必ず読みがなをふっておきます。

メモ欄には、フレーズの言い始めや、紹介者のプロフィールなどを書き込みます。直前まで情報は増えるので、余白を多めにとって書き加えられるようにします。

慣れないうちは、シナリオを自分なりに作成し、シンプルな進行表と並べてスタンドアップデスクに置くと安心。大きな字で行間をあけて書くと読み間違いがありません。

調整可能なプログラムを

司会者は予定時間に合わせて会を進める進行係です。最初から進行が遅れると、あとの方たちの持ち時間が少なくなるので、てきぱきと進めましょう。来賓のあいさつなどが長引いたら、次の人たちに少し短くしてもらうなど臨機応変に対応します。しかし、時間進行ばかりに気をとられると、あわただしい感じになります。「歓談」など調整に使える時間をあらかじめ組み込んでおくとよいでしょう。

✳進行表例

創立30周年記念祝賀会進行表

○年○月○日

タイム	式次第	肩書｜氏名	メモ	照明 BGM など
18:00 (0:00)	開会の言葉	自己紹介	これより○○中学校 …」 「本日、大体育館で行われた記念式典も …」	照明 ピンで
18:03 (0:03)	来賓あいさつ	① ○○県議会議員 山田《やまだ》 悟郎《ごろう》様 ② エッセイスト 田辺《たなべ》 真紀子《まきこ》様	①昭和○年△△市生まれ。 …（プロフィール）…。 本学○年度卒業。 生徒会長だった ②△△市生まれ …（プロフィール）…。 本学○年度卒業。 △△市には20年ぶりの帰郷	
18:25 (0:25)	乾杯	鳳凰電光株式会社社長《ほうおうでんこう》 相川《あいかわ》 翔一《しょういち》　様	…（プロフィール）…。 本学○年度卒業。 サッカーボールを寄付	BGM トレパーク
	（歓談）		ホテルの名物料理 ・ローストビーフ 花岡龍二《はなおかりゅうじ》シェフがイギリスで修行	BGM ノクターン
19:00 (1:00)	余興	①おやじの会 ロックバンド「ORB《オーアールビー》」 ②落語虹家《にじや》 七色《しちいろ》先生	①名前の由来、メンバー、演目、エピソード ②プロフィール、エピソード	照明 広く
19:45 (1:45)	校長あいさつ	田宮《たみや》 孝志《たかし》先生	○○年より校長、「あいさつ、思いやり、努力」を目標に掲げ …	
19:55 (1:55)	PTA会長あいさつ	小宮山《こみやま》 昇《のぼる》	・会長も当校の卒業生 ・記念行事にご努力された	
20:00 (2:00)	閉会のことば			

スタッフ用

トラブルやアクシデントの対処法

緊急時こそ落ち着いて

酔っ払い、ケンカ、地震・火事などの天災……思いもよらぬアクシデントが起こったらどうするか?

一番大切なのは、あわてないことです。

気持ちが動揺しては、とっさの判断力がにぶります。特に災害時には、司会者が取り乱せば会場はパニックに陥ります。「大丈夫です」「落ち着いてください」「係員の指示を聞いて避難してください」など、落ち着いた声で呼びかけます。前もって非常口の位置を確認しておけば、さらに的確な指示がだせます。

思いやりの心を持って

酔っ払いが暴れたりケンカが始まったりしたら、スタッフが会場から連れ出しますから、マイクで「出て行ってください!」など叫んではいけません。マイク音声で指示されれば、よけいに腹が立つものです。

赤ちゃんが泣き出したら「元気なお子さんでうらやましいですね」など、母親が気まずい思いをしないように配慮しましょう。

ネタを用意しておく

音響機器のトラブルなどで突然進行が止まってしまうことはよくあり、あせります。こんなときは、あいさつ者、余興者などの情報から面白いエピソードを紹介して時間をかせぎます。

当日は直前まで、マイクテストや、スピーチ者へのあいさつをしながらの情報収集など、準備を固め、ミスのない進行を目指します。

＊アクシデント対処ポイント5

ポイント 1　あわてない

まず落ち着くこと。司会者が感情的になったりパニックに陥れば会場全体を混乱させる

ポイント 2　恥をかかせない

トラブルを起こした人に恥をかかせないように配慮すれば、会場の雰囲気が和やかになり、とどこおりなく会を進行できる

ポイント 3　必ずわびる

進行が中断したことは主催者側のミスですから、「失礼しました」「お騒がせしました」と必ずわびる

ポイント 4　ネタを用意しておく

機械のトラブルなどで進行がとまってしまったら、会場の歴史や料理の話題をエピソードとして紹介したり、あいさつ者と会話をかわしたりして時間をかせぐ

ポイント 5　準備と本番で頭を切りかえる

本番ではアクシデントは必ず起きるものだと腹をくくる。
心構えがあると落ち着いて対処できる

PTA総会の司会

議長を選出するケースが多い

PTAの定期総会は年度はじめに開かれ、いくつかの議案が審議されます。主な議案は「前年度の活動報告、決算報告」「今年度の活動計画、予算案」「新役員の選出」などです。

学校の規模にもよりますが、議事進行は司会者が行うのではなく、議長を選出して行うのが一般的です。ですから司会者の役割は、議長を選出するまでと、議長が退任したあとの進行となります。

議長は立候補を募るケースもありますし、会則にのっとってPTA会長や副会長が務めることもあります。

司会進行は前例を参考に行う

PTA総会はPTA活動で基本となる会合なので、厳粛な雰囲気が必要です。

重大な議案が提議されなければ、前例を参考にてきぱきと進めるようにしましょう。活発な意見が出されたら、司会者は恣意的に進めず、だれの意見も公平に聞くことが大事です。

進行スケジュール

所要時間＝1時間30分

①開会のことば
②PTA会長のあいさつ
③議長の選出
④議事
※議事は議長に進行を任せます。
⑤議長退任
⑥新会長のあいさつ
⑦旧役員代表あいさつ
⑧校長あいさつ
⑨閉会のことば

TONE てきぱきと

0:00分

①開会のことば

みなさま、本日はお忙しいなかをお集まりいただきまして、ありがとうございます。ただいまから○年度の大町小学校ＰＴＡ総会を開催いたします。私は本日の司会を務めさせていただきます、６年生の学年委員長の石井と申します。どうぞよろしくお願いいたします。

ポイント　最初のことばは出席者の神経をこちらに向けるためにやや大きめな声で話します。ただし、怒鳴っているような印象にはならないように。

0:03分

②ＰＴＡ会長のあいさつ

はじめにＰＴＡ会長の清水さんから開会のごあいさつがございます。清水さん、よろしくお願いいたします。

（ＰＴＡ会長あいさつ）

0:10分

③議長の選出

本日の議事に入ります前に、議長を選出させていただきます。どなたか立候補する方はいらっしゃらないでしょうか？（しばらく待つ）いらっしゃらないようですので、運営委員より推薦していただきます。

（議長が選出される）

これより進行は議長の水野さんにお願いいたします。

ポイント　議事は司会者ではなく、議長を選出して、その人が進行します。

0:15分

④議事

（議事の間は議長に進行を任せ、司会者は後方に退く）

ポイント 議事が終了したら、議長は退任し再び司会者が進行役を務めます。

0:45分

⑤議長退任

水野さん、議長の大任お疲れさまでした。すべての議事が終了され、新役員も決まりました。議長が退任されましたので、これよりの司会進行は再び石井が務めます。

0:50分

⑥新会長のあいさつ

それでは、ここで、新ＰＴＡ会長にごあいさつをお願いいたします。山之内さんお願いいたします。

（新ＰＴＡ会長あいさつ）

1:00分

⑦旧役員代表あいさつ

山之内さん、1年間私たちのリーダーとして、どうぞよろしくお願いいたします。また、新役員のみなさまも、大変なお仕事も多いと思いますが、どうぞよろしくお願いいたします。会員一同、協力を惜しまない

ポイント 新会長のあいさつがあり、旧会長などのあいさつをしてもらうプログラムと逆に、旧会

つもりでいます。

旧役員のみなさま、お疲れさまでした。この１年間ＰＴＡを盛り上げてくださり、ありがとうございました。それでは、旧役員を代表し、清水会長にひと言お願いいたします。

（前ＰＴＡ会長あいさつ）

ポイント
長のあいさつ、ねぎらいのことばのあとに、新たな気持ちで新会長のあいさつという順番もあります。

1:10分

⑧校長あいさつ

最後に、小野寺校長よりお話をいただきたいと思います。先生は、今年度、中町小学校より転任されました。はじめての方も多いと思いますので、簡単な自己紹介からいただけるとありがたいと存じます。小野寺先生よろしくお願いいたします。

（校長あいさつ）

ポイント
校長の新任あいさつを組み入れた例です。

1:25分

⑨閉会のことば

みなさまのおかげをもちまして、ＰＴＡ定期総会もつつがなく終了することができました。慣れない司会でお聞き苦しいところもあったと思いますが、最後までありがとうございました。

以上を持ちまして、大町小学校ＰＴＡ総会を閉会いたします。

ポイント
出席者の協力に感謝し、今後の協力をお願いして、閉会とします。

講演会の司会

TONE 控えめに

講師と聴衆のつなぎ役

講演会での司会者の役割は、聴衆が講師の話を理解し、楽しめるようお手伝いすることです。聴衆と講師のつなぎ役だと思えばよいでしょう。そのためには、前もって著作を読んだり、本人にあいさつしたりして、講師をよく知ることが大切です。

司会者としては、講師紹介、質疑応答が最大の山場となります。

講師紹介では、聴衆がより講師に興味を持つように話します。たとえば、そこの土地の出身者であることを伝えれば、聴衆は話を聞く前から親近感を持ちます。

講演が終わったら、自分なりの感想を短くはさむとよいでしょう。講師に簡単な質問をすれば、質疑応答の呼び水になります。

質問は簡単に要約する

質疑応答では、質問が活発にでる雰囲気づくりが大切です。1番目はスタッフが「サクラ」として質問するのも有効な手法の1つです。質問がでたら、簡単に要約して講師に橋渡しすると、やりとりがスムーズになります。

進行スケジュール

所要時間＝2時間

①開会のことば
②PTA会長あいさつ
③実行委員長あいさつ
④講師紹介
⑤講演
⑥質疑応答
⑦閉会のことば

0:00分

①開会のことば

みなさま、本日はお忙しいところ講演会にお越しいただきありがとうございます。これより、○○小学校ＰＴＡ主催講演会を開催いたします。

私は、司会を務めます、佐々木直美と申します。不慣れではございますが、精一杯務めますので、どうかよろしくお願いいたします。

ポイント
何度か経験があっても「不慣れですが」という前置きを述べると、好感が持たれます。

0:03分

②ＰＴＡ会長のあいさつ

それでは、まず下平紀男ＰＴＡ会長よりごあいさつがございます。

下平さん、よろしくお願いします。

0:10分

③実行委員長あいさつ

続きまして、本城早苗実行委員長よりあいさつがございます。

本城さん、よろしくお願いします。

ポイント
実行委員の場合、「ごあいさつ」ではなく「あいさつ」と敬語を用いないのが正式です。

0:15分

④講師紹介

それでは、いよいよ宮本花世さんの講演にうつります。まず、プロフィールを簡単にご紹介いたします。

宮本さんは、△△市のお生まれで、わが校とは目と鼻の先である○○

高校をご卒業されました。その後、○○大学に学ばれ、大手企業で人事部を経験され、2015年「宮本マナー研究所」を設立されました。昨年上梓された『仕事も人生もバラ色　マナーと常識人間術』が大ヒットとなり、お忙しい日々を送っていらっしゃいます。

今日は、「子どもの将来をバラ色に　これだけは押えたいしつけ術」のテーマで、お話しいただきます。講演後には、みなさんの質問にも答えていただけます。それでは、宮本さんを拍手でお迎えください。

ポイント
講師がこの土地に縁があれば、そのことを話題にします。著作などがあれば紹介し、活躍ぶりを案内します。

0:20-1:30分

⑤講演

これより講演を始めさせていただきますが、それに先立ち、主催者からのお願いですが、先生のお話の妨げにもなりますので、携帯電話をお持ちの方は、マナーモードへの切り替えをお願いいたします。

（講演）

ポイント
講演会では携帯電話が鳴らないように注意を促しましょう。

1:30分

⑥質疑応答

（司会者も拍手をする）

それでは、ここからは、みなさんのご質問に、宮本さんが答えてくださいます。よい機会ですので、みなさんぜひ、質問をお願いします。

どなたかいらっしゃいませんか？　**（指をささず、手のひらで示す）**

では、まず、奥の方。今、係がマイクをお持ちします。

（質問）

お子さんが、あいさつができないということですが、宮本さんお願いします。

（回答）

ご質問の方、よろしいでしょうか？　早速、家庭で実践してください。

それでは、次の質問のある方……。では、そちらの方どうぞ。

（質疑応答が続く）

ポイント　質問が出ないと場がシラけることがあるので、来場者に積極的な発言を促しましょう。質問が出ないのを見越して、サクラを使う方法もあります。

1:50分

⑦閉会のあいさつ

そろそろ時間ですので、このあたりで、ご質問を終わりとさせていただきます。なお、宮本さんの著書は、わたくしも拝読いたしましたがたいへん読みやすく、小学生をお持ちのお母さま方には子育ての参考になる本です。本屋さんに行かれたら、ぜひお手に取ってみてください……と、ちょっと宣伝させていただきます。これにて、ＰＴＡ主催講演会を終了いたします。ありがとうございました。

ポイント　小学校での著書などの販売は、学校が許可しない場合もあるので、講演者に気づかいをしたい場合は、さりげなく購入をすすめます。

謝恩会の司会

TONE 盛り上げる・・・・

謝恩会の形式はさまざま、慣例にならいましょう

年度の最後に、先生方に感謝する謝恩会は学校ごとに形式があるようです。

児童・生徒が参加し、学校の体育館で行われる場合は、司会も、子どもが行うことが多いようです。主催者も、全校生とその保護者であったり、卒業生とその保護者であったりします。

本書の例では、PTAが主催し、保護者が教師に感謝する謝恩会を想定しました。また、異動になった先生を送る会を謝恩会と呼ぶことがあり、その例は202ページに掲載してあります。

目的は感謝を表すこと

謝恩会は、子どもたちがお世話になった教師に感謝するのが目的です。司会のトーンも感謝の気持ちがメインです。

また、感謝の気持ちを表すため記念品・花束の贈呈が行われます。参加教師の数が多い場合は、スタッフも総出でそれぞれに渡すと盛り上がります。

進行スケジュール

所要時間＝2時間

①開会のことば
②PTA会長あいさつ
③校長のあいさつ
④乾杯
⑤会食・歓談
⑥余興
⑦記念品・花束贈呈
⑧閉会のことば

0:00分

①開会のことば

みなさま、本日は、お忙しいところをお集まりいただき、ありがとうございます。

ただいまより、○年度山川小学校謝恩会を開催いたします。

私は司会を務めます、福岡薫と申します。最後までよろしくお願いいたします。

ポイント
「お忙しいところをお集まりいただき」は、司会冒頭の決まり文句です。

0:03分

②PTA会長あいさつ

まずはじめに、酒井秀則ＰＴＡ会長からごあいさつをいたします。

酒井さん、よろしくお願いいたします。

0:08分

③校長のあいさつ

本日は、校長先生にもご列席いただいておりますので、ぜひお話をいただきたいと思います。辻本校長先生、よろしくお願いいたします。

（校長のあいさつ）

校長先生、どうもありがとうございました。この1年間お世話になりました。来年も子どもたちをよろしくお願いいたします。

ポイント
司会者からもお世話になったお礼をひと言述べると、参加者の感謝の気持ちが伝わります。

0:15分

④乾杯

それでは、ここで乾杯に移ります。乾杯のご発声は、阿倍副校長先生にお願いしております。阿倍先生よろしくお願いいたします。

0:18分

⑤会食・歓談

みなさま、しばらくの間、食べ物、飲み物を楽しみながらご歓談ください。中央のテーブルに展示してありますのは、保護者の野崎聡さんが昨年収穫された「おばけかぼちゃ」です。直径は1メートル。テレビでも紹介されたものを、今日はみなさんにお見せしたいと特別にお持ちくださいました。

ポイント　場の雰囲気を盛り上げる話題があれば、ところどころで紹介しましょう。

1:15分

⑥余興

みなさん、目だけをこちらに向けてください。写真の光芸舎さんが撮りためた学校の写真を映写してくれます。光芸舎さんお願いします。

（映写）

ありがとうございました。こうしてみるといろいろあった1年でした。

次に、コーラスグループ「ママーズ」が歌います。ママーズは、青木

ポイント　余興の演者などを紹介するときは、グッとくだけて、楽しい雰囲気を盛り上げましょう。

緑さん、川田ななみさん、斉藤恵美さん、中山登志子さんの４人からなる、カラオケ愛好会で、夢はのど自慢に出場することだそうです。本日はまず乃木坂46の「君の名は希望」から。ママーズのみなさんどうぞ！

（余興続く）

1:45分

⑦記念品・花束贈呈

それでは、記念品の贈呈に移ります。先生方、恐れ入りますが前のほうへお越しください。私ども保護者を代表しまして、ＰＴＡ役員一同が、花束と記念品を贈呈いたします。

みなさん、感謝の気持ちをこめて、どうぞ拍手をお願いします。

ポイント
記念品については固辞する学校も増えているので慣例に従いましょう。

1:55分

⑧閉会のことば

校長先生、副校長先生をはじめ、先生方、本当に1年間ありがとうございました。残っていただける先生は、来年度もよろしくお願いいたします。異動なさる先生は、どうぞお体に気をつけて、新しい学校でご活躍ください。

名残惜しいのですが、時間となりましたので、○年度山川小学校謝恩会をこれにて閉会いたします。ありがとうございました。

ポイント
「名残惜しいのですが」は会をお開きにするときの決まり文句です。

周年記念祝賀会の司会

TONE 盛り上げる

歴史を振り返りさらなる発展を誓う

学校の創立記念行事は、実行委員会が結成され、年単位で準備されることが多いようです。

創立記念式典は、在校生を含めて校内で行い、場所を移して祝賀会を持つというパターンが一般的です。

記念式典・祝賀会の目的は、これまでの歴史を振り返り、よき伝統は継承し、さらに時代に合わせるべきところは合わせることで、学校のさらなる発展を願うことです。また参加者が学校の発展に尽力することを確認する場でもあります。

進行表作りをきっちりと

来賓者が多くなりますので、事前の進行表作りをきっちりとやりましょう。プロフィールやエピソードは創立記念にふさわしいものを選んで構成します。また当日は、マイクテストなど直前のリハーサルも確実に行います。慌ただしい時間の中でも、来賓者へのあいさつを忘れないようにしましょう。

進行スケジュール

所要時間＝２時間

①開会のことば
②ＯＢ会会長のあいさつ
③来賓のあいさつ
④乾杯
⑤会食・歓談
⑥余興
⑦実行委員長あいさつ
⑧校歌斉唱
⑨閉会のことば

0:00 分

①開会のことば

これより、海浜市立海浜中学校創立50周年記念祝賀会をはじめます。

本日、午後１時より海浜中学校体育館におきまして、在校生、卒業生代表、教職員の方々と、そして来賓のみなさまをお迎えして、創立50周年記念式典が堂々と、とどこおりなくとり行われましたことをご報告いたします。場所を移しまして、これからは、母校の記念日を無礼講でお祝いしたいと思います。

ポイント　学校で記念式典が開催され、そのあとホテルなどに場を移され祝賀会が開催される実例です。

0:03 分

②ＯＢ会会長のあいさつ

まずは当校のＯＢ会の会長である浜崎淳子様にお願いします。

浜崎先生は、昭和55年度の卒業生でいらっしゃいまして、昨年の県議会選挙でみごと初当選を果たされました。先生は海浜中当時、生徒会長選挙に当選されていまして、いわば15歳で政治家としてのキャリアをスタートさせたわけです。それでは、浜崎先生お願いいたします。

（あいさつ）

先生ありがとうございました。これからも海浜中魂を持って、県政に手腕をふるってください。

ポイント　政治家のＯＢの場合は、選挙との関係もあるのでごく簡単にプロフィールを紹介します。

0:13分

③来賓のあいさつ

続きまして、海浜市教育長の岩田正さんに、ごあいさつをいただきます。岩田先生は、平成25年度まで海浜中学の校長を務められて、その当時、山里村での体験学習を実施したり、浜辺マラソン大会を復活したりなど、深い愛情を持って生徒を育んでいただきました。岩田先生お願いします。

（あいさつ続く）

ポイント　元校長を来賓に迎え、あいさつをお願いした例です。

0:35分

④乾杯

大変、長らくお待たせいたしました。それでは、乾杯に移ります。乾杯の発声は、PTA会長の堀田尚志さんです。堀田さんお願いします。

0:40分

⑤会食・歓談

それでは、しばらくの間、おいしい料理とお酒でご歓談ください。

1:10分

⑥余興

みなさま、舞台にご注目ください。本日は、太鼓ユニット「大波太鼓」の演奏をお聴きいただきます。メンバーの林翔太さんが海浜中の卒業生

ポイント　プロとして活躍されている卒業生なら、卒業生一同でこれから応

でして、小口波太郎さん率いるこの世界的に有名な太鼓集団の今日の演奏が実現しました。小口波太郎さんは……（以下略）

援していくような盛り上げ方で紹介します。

1:40分

⑦実行委員長あいさつ

すばらしい響きでした。みなさん、小口波太郎さんと大波太鼓のみなさんにもう一度拍手をお願いいたします。

創立50周年祝賀会も、みなさんのおかげで盛況にすすんでおります。ここで、実行委員長の中道清二からあいさつがあります。

ポイント　実行委員長は主催者の代表なので、司会者が紹介する場合は敬称を省くのが正式です。

1:45分

⑧校歌斉唱

中道さん、ありがとうございました。それでは、最後に海浜中学校の校歌を斉唱したいと思います。指揮は、合唱部が全国大会に出場した平成元年度の部長だった新条晴美さんです。

ポイント　校歌斉唱は周年記念式典では、メインのアトラクションです。

1:55分

⑨閉会のことば

ただ今、会場に響き渡った歌声の中で、海浜中50年の伝統とこれからの輝かしき未来がみごとに溶け合いました。最後に万歳三唱をして母校の発展を祈念いたします。**（万歳三唱）** ありがとうございました。

ポイント　校歌斉唱からいっきに「万歳三唱」と盛り上げつつお開きにします。

先生を送る会の司会

TONE わきあいあい

堅苦しくない温かな雰囲気作りを

都会の学校では控える傾向にありますが、ＰＴＡによっては学校を去る教師のお別れ会を開くのが恒例になっているところもあるようです。

大げさでない、しかし温かい、クラスの保護者によるお別れ会は担任としてもうれしいものです。感謝を表すとともに、教師の今後の活躍を祈るのが目的ですが、堅苦しくない親密な雰囲気作りを目指します。

全員が教師との会話に参加できるように

女性が多い場合は、自然におしゃべりが盛り上がるので、シーンとしてしまう心配はありませんが、司会者は１人ひとりの参加者が教師とコミュニケーションがとれるように気を配りましょう。

司会者として会話をリードするというより、教師を中心にみんなが楽しくおしゃべりできるように、楽しい雰囲気をつくりながら参加者をのせていくという感じです。

進行スケジュール

所要時間＝2時間

①開会のことば
②クラス役員のあいさつ
※司会者を兼ねている場合は、①からそのままあいさつに
③乾杯
④会食・歓談
⑤送ることば
⑥記念品贈呈
⑦教師からひと言
⑧閉会のことば

0:00分

①開会のことば（「②クラス役員のあいさつ」を兼ねる）

みなさん、お集まりのようですので、これより「寺脇晶子先生を送る会」をはじめたいと思います。**（自分も拍手して盛り上げる）**

私は、クラス委員の近藤聡美でございます。この1年いたらないこともたくさんありまして、みなさまにはご迷惑をおかけしました。今日は、最後の仕事として、司会を務めさせていただきます。

みなさんもご存じのように、このたび、寺脇先生が、N市の光が丘小学校に転任になりました。先生にはぜひ、卒業まで子どもたちを見ていただきたかったのに本当に残念です。それでも、せっかくの門出ですから、みなさん、明るくお送りしましょう。

ポイント　最初に送る先生のプロフィールや転任先などを紹介しながら、担任をもっていただいたお礼を述べます。

0:05分

③乾杯

まずは、乾杯をして、話はそれからゆっくりですね。

じゃあ乾杯の音頭を、作文コンクールで入選した三島のぞみさんのお母さん、三島優子さんお願いします。

ポイント　少人数の集まりなら、乾杯の音頭など大げさに考えなくてもよいでしょう。

④会食・歓談

0:10分

こちらのお店は、西田さんの紹介なんですよ。西田さんの中学校の同級生が女将さんなんですって。

このあと、お鍋がきますが、寺脇先生のお好きな鶏肉の水炊きにしました。

ポイント 飲食店で開く場合は、予約した料理の紹介などをすると盛り上がります。

0:20分

⑤送ることば

みなさん、食べながら、飲みながらでけっこうですので、ひと言ずつ寺脇先生に「送ることば」をお願いします。まあ、お礼とか、思い出話とか何でもいいので。

ポイント クラス単位なので参加者も限られています。1人ずつ「送ることば」をかけてもらうと、先生にとってよい思い出になります。

じゃあ、まずテーブルのこちらから、本郷さん。本郷さんは、お兄ちゃんも寺脇先生が担任だったんですよね。

（本郷さんが話し終わって）

本郷さんのお兄ちゃんて今は、陸上部なんですよね？ その男の子を追いかけたなんて、本当に先生って体力ありますねえ。

それでは、お隣の森本さんお願いします。

（適当におしゃべりしながら「送ることば」が続く）

飲み物追加しましょう。先生は何にしますか？

（「送ることば」が終わる）

今、田辺さんも言ってましたが、先生って異動が頻繁で大変ですね。

（以下、会食・歓談が続く）

1:45分

⑥記念品贈呈

最後のデザートが出てきましたので、ここで、母親一同から感謝をこめて記念品を贈呈します。寺脇先生、ありがとうございました。

1:50分

⑦教師からひと言

先生、よろしかったら、最後にひと言お願いできますか？

（教師のあいさつ）

1:55分

⑧閉会のことば

それでは、時間となりましたので、「寺脇晶子先生を送る会」をお開きとさせていただきます。

先生に感謝の気持ちを込めて、そして今後のますますのご活躍をお祈りして、みなさん拍手をお願いします。

（拍手）

ありがとうございました。

ポイント　最後は拍手をして先生への感謝の気持ちを表します。

司会・進行の実例

保護者懇談会での司会

TONE なごやかに・・・・

保護者が子どもの諸問題を話し合う

かつては「父兄会」と呼ばれていた「保護者懇談会」。保護者が集まって、教育問題を勉強したり子どもをとりまく諸問題を話し合ったりする場です。多くはクラス単位で、授業参観の後などに行われます。

保護者と教師が一体となる雰囲気づくり

年度初めの懇談会は、メンバーの親睦を図ることが大きな目的です。これから1年間、担任と保護者が協力して、子どもたちの環境をよりよくしていこうという意識を確認する場です。

子どもの空席に座ってもらう方法もある

参加者から活発な意見が出て、なおかつクラス全体がまとまる雰囲気作りとして、子どもの座席に座ってもらうのも一案です。ひそひそオシャベリがなくなり、司会者も参加者の名前がひと目でわかります。また担任の先生に頻繁にコメントを求めることで、教師と保護者の一体感を高めましょう。

進行スケジュール

所要時間＝1時間30分

①開会のことば
②席替え
③担任からのお話
④自己紹介
⑤保護者ディスカッション
⑥閉会のことば

0:00分

①開会のことば

私は、学級委員の五木みのりです。本日は司会を務めますが、なにぶん慣れないことでして、お聞き苦しい点があるかと思いますが、どうぞよろしくお願いいたします。

ポイント
「慣れないので、聞き苦しい点があるかも」と断ってからあいさつすると、話しやすくなります。

0:05分

②席替え

お手元に、子どもたちの座席表があります。今日は、青木先生ともご相談して、みなさんに、お子さんの席にお座りいただきたいと思います。お子さんが、どういう場所に座っているのか、お隣さんはだれなのか、お子さんの学校での姿を知る手助けになると思います。

ポイント
子どもと同じ席に座ってもらうなど、担任と相談してユニークな工夫をすると有意義な集まりになります。

0:10分

③担任からのお話

みなさん、席の座り心地はいかがでしょうか？

それでは、この4月から、5年2組の担任をしていただいている青木孝樹先生に、お話をいただきます。このあと保護者のみなさまに順番に自己紹介をしていただきますので、まずはじめに青木先生にお願いします。先生、どうぞお願いいたします。

ポイント
保護者は担任がどんな人柄の先生なのか、興味があるので、自己紹介をしてもらいましょう。

0:30分

④自己紹介

先生、ありがとうございました。

それでは、みなさんに自己紹介をお願いいたします。それから今、先生から、子どもの生活習慣というお話がありましたので、お子さんの家での朝ごはんや寝る時間などのようすを話していただけたらと思います。

ポイント
自己紹介を促しますが、「子どもの家での生活ぶり」などテーマを与えると話しやすくなります。

1:00分

⑤保護者ディスカッション

これより自由な意見交換をしたいと思います。まず、ただいま保護者から報告のあったわが子の生活習慣について、青木先生、これについて、感想・ご意見などがあればお願いします。

（先生のコメント）

今までのそれぞれのお宅の話、先生のお話を聞いて、みなさんどんな感想をお持ちでしょうか？

ポイント
活発な意見が交わされるように、先生と保護者の間に入ってまとめます。

1:25分

⑥閉会のことば

今年1年、みなさんで有意義な保護者懇談会を作り上げてまいりましょう。今日は、長時間お疲れさまでした。

第8章

ＰＴＡの文書・手紙

連絡文書を簡潔に作成するコツ

●正確な情報をもれなく伝える

ＰＴＡ役員になると連絡文書を書かなければなりませんが、書式が決まっている文書は手紙に比べて文章面では、はるかに簡単です。昨年のデータが残っているはずですから、必要な部分を訂正すればＯＫ。ただし、必要事項がもれなく記載できているか、よく見直しましょう。

●簡潔さと正確さ

連絡文書で伝えることは、180ページで紹介した5W1Hで整理できます。「なぜ」「どのように」は主文に、「いつ」「どこで」「何を」は記書きになります。「だれ」は、宛名、発信者、標題で伝えることができます。

複数の会員に向けた文書ですから、機械的な印象になるのはやむを得ません。伝えなくてはならない情報が漏れなく入っているかに神経を注ぎましょう。

情報の中心である記書きは、だれもが読み間違えをしない簡潔さと正確さが必要です。

●標題は大きく

主文は、手紙文（212ページ）の伝統にのっとって、「拝啓」→「敬具」ではさみます。会の目的や意義を伝え、参加を呼びかける部分です。書き手のオリジナリティや思いを表現できる場ですから工夫してみましょう。

簡潔明瞭が最良の連絡文書で、もっとも重要なのは、じつは標題です。ひと目で文書の内容がわからなくてはなりません。シンプルでわかりやすいものがベストです。文字も最も大きく太くして、読み手の目に飛び込むようにデザインします。

＊文書の基本フォーマット

① PTA-0907

② ○年○月○日

③ 5年1組保護者各位

④ ○○小学校PTA
5年１組学級委員
小池真紀子

⑤ 学級懇談会のお知らせ

⑥ 拝啓
□□□

⑦さて、このたびは……□□

⑧ 敬具

⑨ 記

1．日時　□□□□□□□□□□□□□□□
2．場所　□□□□□□□□□□
3．内容　□□□

＊□□□□□□□□□□□□□□□□□□□□□□□□□
＊□□□□□□□□□□□□□□□□□□□□□□□□□□□□

⑩ 以上

① 文書番号
文書整理のためにつけるもの。なくてもよい

② 発信日付

③ 受信者名
複数の相手には「各位」をつける

④ 発信者名

⑤ 標題

⑥、⑧頭語と結語
本文の最初と最後につける決まり語
頭語の後には時候のあいさつが入る

⑦ 主文
会の目的、動機、参加のよびかけなどを簡潔にまとめる

⑨ 記書き
日時、場所、内容、注意事項などを箇条書きにする

⑩ 記書きの結び
「以上」とし、文書の終わりを表す

＊思ったことを正確に伝える手紙の書き方

●手紙は人に会うのと同じ

手紙には伝統的に守られてきたフォーマットがあります。学校関係の手紙では、ある程度伝統にのっとった書き方が望まれます。

と言っても、そんな複雑なものではありません。人に会うのと同じ構成になっています。まず「こんにちは」「ごめんください」と玄関を訪ねるのが「拝啓」などの頭語。次にお天気などの話をして、相手のようすを尋ね、自分の近況を語ります。そして用件に入るのが「本文」。最後に「じゃあ、お元気で」とあいさつするのが、「結びのあいさつ」です。「今日はいきなり用件に入りますけど」という場合は、「前略」（↓結語は「早々」）ではじめます。

●頭語と結語

頭語、結語は、「拝啓」↓「敬具」「かしこ」。「前略」↓「早々」。を覚えておけば、まずは間違いありません。「かしこ」は女性特有の結語で、女性であっても「敬具」を使ってもかまいません。相手によって使い分けましょう。

●冷静に筆を進める

本文は「用件」です。最初に「今日は、長男の進路のことで手紙をしたためました」と用件を要約してしまうと書きやすいでしょう。

そのあと、状況説明や、相手にどうしてほしいのかを書きます。お願い事、相談事の場合は、相手をわずらわせるのですから、申し訳ありませんがという気持ちを盛り込むことです。手紙はプライベートな文書で、感情的になりやすいものですが、学校関係者宛では、冷静に筆を進めることが大切です。

＊手紙文の基本フォーマット

①拝啓
②若葉が目にまぶしい頃となりました。
③先生におかれましては益々ご清栄のこととお喜び申し上げます。
④日頃は、克紀が大変お世話になっております。
⑤本日は克紀の進路のことで・・・
□□□□□□□□□□□□□□□□□□□□□□□□□
□□□□□□□□□□□□□□□□□□□□□□□□□
□□□□□□□□□□□□□□□□□□□□□□□□□
□□□□□□□□□□□□□□□□□□□□□□□□□
□□□□□□□□□□□□□□□□□□□□□□□□□
□□□□□□□□□□
⑥末筆ながら、ご健康とご活躍を祈念しております。
⑦かしこ
⑧五月十日
⑨本田早苗
⑩二宮俊樹先生

①、⑦頭語と結語
「かしこ」は女性の結語。「敬具」なら男女使える

②時候のあいさつ

③相手の安否を気遣う

④自分の近況を述べる

⑤本文

⑥結びのあいさつ
「奥様によろしくお伝えください」のような伝言、「お忙しいところとは存じますが、なにとぞよろしくお願いします」のような本文のまとめもOK

⑧日付

⑨署名
フルネームで

⑩宛名
教師への手紙は「○○様」ではなく「○○先生」が通例

わかりやすい文書・手紙を書くコツ

●過不足のない適切な文書

文章によっては、読み手に必要な情報が不足している場合があります。

そこで、文書ができたら、読み手の立場になって読んでみましょう。

例えば、戸外での催しものの場合、「服装はどうすればいいのかしら？」「持ち物は？」など疑問がわいてきます。それらの答えを、「運動ができる服装で」「メモをご用意ください」など文書に盛り込みます。

しかし、あれこれ親切に書き加えていると、今度は情報過多になってかえってわかりにくくなります。その場合は、A4用紙1枚におさまるように、文や情報を整理すると、過不足ない適切な文書が出来上がります。

●整理してから書き始める

手紙は、相手に「何か」を伝えるものですから、その「何か」を書き手がはっきりわかっていることが大切です。「相談にのってもらいたい」「感謝の気持ちを伝える」など、手紙の目的を頭の中で整理してから書き始めましょう。

ざっと書けたら声に出して読んでみます。変だなと思う部分があれば修正します。伝えたいことがうまく表現できていない場合は、無理やり1文にしないで、2文に分けるとうまくいくことがあります。

●誤字脱字に要注意！

文書でも手紙でも気をつけたいのは誤字脱字です。正確が命の伝達文書の価値を下げることになりますし、人格が出る手紙では恥ずかしい思いをします。ミスはだれにでもありますから、毎回読み直すくせをつけて、誤字脱字をなくすように努力しましょう。

＊考えるポイント6

文書

ポイント1　5W1Hで考える

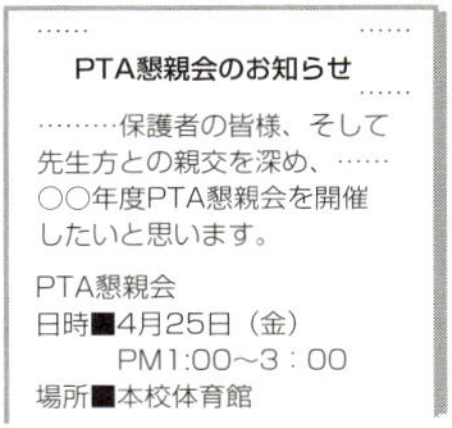

「いつ」「どこで」「だれが」「なにを」は記書きに。「なぜ」「どのように」は主文に

ポイント2　自分が受け取ったら？と考える

何も知らない自分が文書を読んだら、どんな疑問がわくかを考え、それに答える内容を文書に盛り込む

ポイント3　レイアウトを考える

A4用紙１枚におさまるように、内容を整理する

手紙

ポイント4　相手にどうしてほしいのか？ 考える

「相談にのってほしい」「感謝の気持ちを知ってほしい」など、読み手に伝えたいことをまず頭の中で整理する

ポイント5　声に出して読んでみて考える

ざっと書けたら声に出して読んでみましょう。ひっかかるところがあれば、どうしてか考えて修正する

ポイント6　文を分けたり、くっつけたりして考える

文章が変なときは２文に分けてみる。あるいは１文にまとめてみる

先生への手紙のマナー

●縦書きは上下に注意

先生はたとえ自分より年下であっても目上の方ですから、手紙にもそれなりの配慮が必要です。

最近は横書きの手紙も一般的になり目上の人に出したとしても失礼にはなりませんが、それでも縦書きにするだけでずいぶん改まった雰囲気がでますので、おすすめです。文字づらが縦になると、紙面の上下がはっきりします。そこで、先生など相手の名前が文末になると失礼だという配慮がでてきます。文末になりそうになったら、改行します。

最後の宛名は、もちろん高い位置に置きますが、このとき注意したいのは、宛名の書き方です。古くは姓（ファミリーネーム）だけを書くのが正式でしたが、最近は名前（ファーストネーム）を入れるのも一般的。ただし、いくら親しい先生でも「由梨子先生」と名前だけでは失礼です。

●本文は自由自在に

さて、以上の慣例を守った上で、本文は普通の調子で書きます。慣れない敬語を連発すると、かえって慇懃無礼《いんぎんぶれい》な印象になりかねません。です・ます調さえ使えば、あとは無理せず、自然に書いていれば十分でしょう。

手紙には目的があります。先生に何をお願いするのか？　あるいは何を伝えるのかをはっきりさせてから書き始めましょう。途中で、なんだか脱線してしまっても、最終的に目的にたどりつくように修正しつつ書き進めればよいのです。手紙は文書と違いプライベートなものですから、脱線も自分らしさが出てよいものです。

＊目上の人への手紙タブー5

タブー 1 縦書きがオススメ！

日本では、正式な手紙は縦書き。目上の人へは改まった気持ちで縦書きに

タブー 2 前略はダメ！

頭語「前略」（→結語「早々」）は、時候や安否、近況などをはぶけますが、改まった手紙にはふさわしくない

前略、
前略
●●先生

タブー 3 相手の名前が文末はダメ！

文中で、先生、〇〇様など相手の呼び名が文末にきそうになったら、改行する

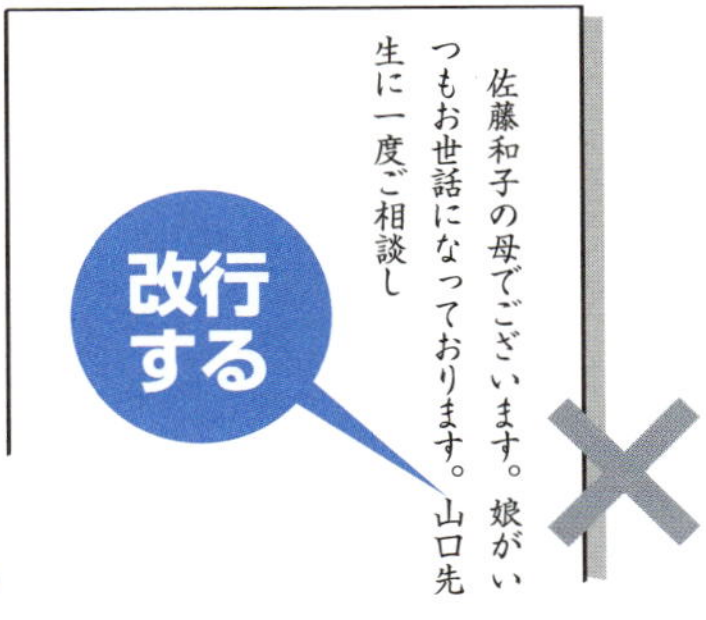
佐藤和子の母でございます。娘がいつもお世話になっております。山口先生に一度ご相談し
改行する

タブー 4 ファーストネームだけはダメ！

「由梨子先生」が通り名でも、先生相手に姓を省くのは失礼

タブー 5 副文はダメ！

いわゆる「追伸」です。正式な手紙にはつけない

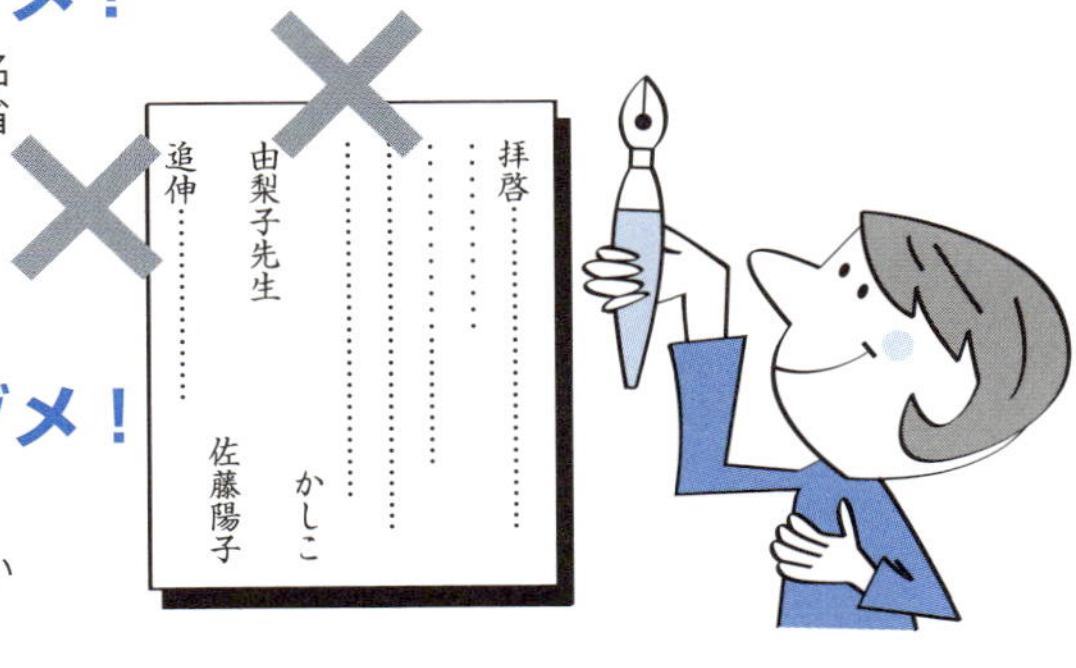
拝啓
かしこ
由梨子先生
佐藤陽子
追伸

○年4月10日

保護者各位

光が丘小学校
PTA会長　松田留美子

△年度　PTA定期総会のお知らせ

拝啓　春陽の候、会員のみなさまにおかれましては、ますますご清栄のこととお喜び申し上げます。

恒例の、PTA定期総会を下記のように開催いたします。昨今、子どもをとりかこむ環境はますます難しさを増しております。このような中で、PTAも学校と連絡を密にとりながら有意義な活動をして参る所存です。議案といたしまして、今年は「学級崩壊を食い止めるために。PTAから学校への提言」をみなさまに諮ります。お多用中とは存じますが、是非ご参加くださいますようお願い申し上げます。

敬具

記

1．日時：○年4月25日(土)　午後2時～3時
2．場所：本校体育館
3．議題(1) △年度事業報告および決算報告
(2) ○年度事業計画および予算案審議
(3) ○年度役員承認に関する件
(4)会則追加承認の件
(5)「学級崩壊を食い止めるために。PTAから学校への提言」の件

＊やむを得ず欠席される場合は、下記の委任状を4月20日(月)までに担任の先生に必ずご提出ください。

以上

- - - - - - - - - - キリトリ線 - - - - - - - - - -

委任状

○年4月　日

PTA会長　松田留美子殿

私は、△年度PTA定期総会における一切の権限を、議長に委任いたします。

児童氏名　年　組
保護者氏名　　　　　　印

PTA総会のお知らせ

★欠席者用の委任状をつけるのが特徴です。書式は前年のデータを流用しましょう。主文はできれば、そのまま流用でなく今年ならではの表現を盛り込みたいところです。

学級懇談会のお知らせ

○年５月13日

6年2組保護者各位

山川町立第二小学校
６年２組学級委員
小島寛子

学級懇談会のお知らせ
～ネットいじめが蔓延しないように～

拝啓　爽やかな風が心地よいころとなりました。みなさまには、お元気にお過ごしのことと、お喜び申し上げます。

新聞報道などでお馴染みの「ネットいじめ」が、ついに山川町でも懸念されつつあるとのことです。つきましては、学級懇談会をひらき、森山先生に事情をうかがいながら、私たち保護者も「ネットいじめ」について知り、子どもたちの間に広まらないよう対策を立ててまいりたいと存じます。お忙しい中、恐縮ではございますが、子どもたちが有意義な最終学年をすごせるよう、みなさまのご参加をお願い申し上げます。　敬具

記

1．日時　5月30日（土）　午後２時～４時
2．場所　本校６年２組教室
3．議題　（1）ネットいじめについて
　　　　（2）連絡事項

＊欠席での返事は、5月22日(金)までに、連絡帳にて森山先生にご連絡をお願いいたします。

以上

★サブ標題で、ズバリ！　懇談会の目的を述べて、保護者の関心を惹きます。さらに、欠席者をなるべく減らすよう参加を呼びかける言葉を工夫します。

○年6月10日

PTA各委員会
委員長各位

南北市立南北小学校PTA会長　井上雅代
南北市立南北小学校校長　本条彰良

第3回運営委員会のお知らせ

拝啓　雨にぬれた緑がしっとりと鮮やかなころとなりました。みなさまには、日ごろからPTA活動にご理解、ご活躍いただき、ありがとうございます。

下記のように、第3回運営委員会を開きます。お忙しいところとは承知しておりますが、万障お繰り合わせのうえ、ご参加のほどお願い申し上げます。

また来月予定されております講演会の準備がいよいよ本番に入ります。みなさまの一層のご協力をいただけますよう、よろしくお願いいたします。

敬具

記

1．日時：6月19日（金）　午後7時～8時45分
2．場所：本校小会議室
3．議題　(1)PTA総会の反省
　　(2)講演会について
　　(3)各委員よりの活動報告
　　(4)諸連絡

※お弁当を用意いたします。

★運営委員会は毎月行われ、会の最後に、次回の予定日時を決めますから、案内は確認ということになります。会員が意欲的に臨めるような文章を工夫しましょう。

謝恩会のお知らせ

○年２月15日

保護者各位

東西市立東西中学校PTA会長　岩清水明子
同企画委員　西本　晴香

ご卒業おめでとうございます

謝恩会のお知らせ

拝啓　紅梅、白梅の香りが春の訪れを予感させてくれます。

みなさまにはご健勝のこととお喜び申し上げます。

春が来れば、お子さまたちは晴れてのご卒業、誠におめでとうございます。多感な３年間を振り返り、保護者のみなさまも、さぞかし感慨深いことと推察申し上げます。

PTAでは毎年、卒業生の保護者のみなさまとともに、校長、副校長先生をはじめ、お世話になった先生方をお招きし、謝恩会を催しております。感謝の気持ちを伝えるよい機会ですので、ぜひご参加くださいますようお願い申し上げます。

敬具

記

1．日時：○年３月21日（土）　午後６時～８時
2．場所：「陽気楼」大広間
東西市＊＊町１－３－４／電話＊＊＊－＊＊＊＊－＊＊＊＊
※地図をつける
3．会費：5,000円（記念品代を含みます）

※出欠を２月28日までに、各クラス委員にお知らせください。

以上

★まず、子どもの卒業を祝う言葉を入れるとよいでしょう。学校外の催しの場合は、記書きに会場の地図をつけます。難しければ会場のURLを。住所、電話番号も忘れずに。

○年9月17日

保護者各位

稲穂小学校PTA会長　伊藤誠二
同企画委員　田中静香

給食試食会のお知らせ

～なつかしい味、新しい味～

拝啓　朝晩虫の音も聴かれるようになり、しのぎやすくなってまいりました。みなさまには、日ごろからPTA活動にご理解、ご協力をいただき、ありがとうございます。

食欲の秋にちなみまして、下記のように給食試食会を開きます。みなさん、ご自分の学校時代を思い出してなつかしく思われるようで、毎年ご好評をいただいております。

また、現在本校で力を注いでいる「食育」について、管理栄養士の花沢恵似子先生にお話をうかがいます。ご家庭での「食」にも役に立つ内容です。

私どもの時代とは、ちょっと違った、いまどきの給食をぜひお試しください。2度目、3度目のご参加も歓迎いたします。

敬具

記

1．日時：10月7日（水）　12時30分から2時30分
2．場所：視聴覚室（参加者の人数によって変更することがあります）
3．会費：400円
4．献立：郷土の特産物を取り入れた、おいしい「食育」メニュー。
　　お楽しみに。

※参加希望の方は、9月25日(金)までに、各クラス委員までお申し込みください。

以上

★恒例の催しであれば、昨年の参加者の感想を盛り込むと、会員の参加意欲が刺激されます。当日のメニューが決まっていれば、それも書き入れましょう。

卒業記念品購入のアンケート

○年12月１日

保護者各位

山川中学校PTA会長　有森聡子
同企画委員　松田理恵

卒業記念品アンケートのお願い

拝啓　年の瀬を迎え、受験生の保護者のみなさまには、何かと落ち着かない毎日をお過ごしのことと拝察いたします。

来年の話で恐縮ですが、来三月に卒業生一同より学校に贈る記念品のご相談をいたします。皆様のご意見を別紙のアンケートにお答えいただきますようお願いいたします。用紙は、お手数ですが、三者面談で来校のおりに担任の先生にお渡しください。

敬具

過去の例をご紹介いたします。

・×年度―職員玄関赤じゅうたん
・△年度―学校池の鯉
・□年度―日時計

以上、よろしくお願いいたします。

- - - - - - - - キリトリ線 - - - - - - - -

卒業記念品アンケート

Q1. 記念品に何がよいかお答えください。（いくつでも結構です）

［　　　　　　　　　　　　　　　　］

Q2. 金額は一人いくらぐらいが適当だとお考えですか？

参考１：□年度　5,000円／１人
参考２：○年度３月卒業予定者　67名

［　　　　　　　　　　　　　　　　］

ご協力ありがとうございました。
担任の先生にお渡しください。

★昨年度までの品目、費用を参考例として出し、アンケートに答えやすいよう配慮します。購入・設置に時間のかかる品もありますから早めに動くようにしましょう。

連絡帳

（欠席） 5月18日	21日（木）に陽一の祖父が○○市で心臓手術を受けます。家族親族がつきそいますので陽一も休ませます。よろしくお願いいたします。

（遅刻） 9月30日	翔太の骨折では、いろいろ御迷惑をおかけしております。２日（金）は、通院日になっていますので遅刻します。ギプスをはずすことになっていて、最後の通院になる予定です。よろしくお願いいたします。

（早退） 11月6日	21日（土）からのバイオリンコンクールに参加するため、20日（金）は午後から早退させます。給食を食べずにお返しください。昇降口に迎えにまいり、その日の飛行機で東京に向かいます。お手数ですがよろしくお願いします。

欠席届

欠席届

谷岡市立谷岡北中学校校長殿

○年６月15日

児童名　２年２組　中山　彩

保護者　中山憲一　　印

下記のように欠席いたしたく、お届け申し上げます。

記

1. 期　　間：7月13日(月) ～7月18日(土)
2. 理　　由：アメリカホームステイ(7月14日～8月21日)の為
3. 連絡事項：宿題は、終業式に親が受け取り、彩に渡します。

以上

★前もって、欠席、遅刻、早退がわかっている場合は、連絡帳であらかじめ担任に知らせておきましょう。長期欠席の場合は、届けが必要なこともあります。担任と相談を。

休学願・復学願・転校願

休学願

五学年二組
八幡　恵

右の者、病気療養につき、○年○月○日から○年○月○日まで、二カ月間休学させたく、別紙診断書を添えて、お願い申し上げます。

○年○月○日
右保護者　八幡　宏　印

市立南北小学校長
花村修一殿

復学願

五学年二組
八幡　恵

右の者、病気療養から回復にいたり、○年○月○日より復学させたく、別紙診断書を添えてお願い申し上げます。

○年○月○日
右保護者　八幡　宏　印

市立南北小学校長
花村修一殿

転校願

五学年二組
八幡　恵

右の者、家庭の事情により転校させたく、お願い申し上げます。

○年○月○日
右保護者　八幡　宏　印

市立南北小学校長
花村修一殿

退学届・始末書

退学届

一学年三組
川田充

右の者、一身上の都合により、○年○月○日をもって退学させたく、お届け申し上げます。

○年○月○日

右保護者　川田靖男　印

県立夕陽丘高等学校長
佐伯正司殿

始末書

私の長男、沢本和也は、○年○月○日午後4時30分ごろ、南部中学校の屋上において、喫煙におよびました。

未成年の中学生としてあるまじき行動であり、誠に申し訳ございません。多くの方に御迷惑をおかけしたことを深くお詫び申し上げます。

家庭で厳重に注意し、本人も深く反省し、二度と喫煙はしないと申しております。

さらに今後、学校のご指導をあおぎながら、家庭において厳しく監督してまいる所存でございます。

二度とこのような不始末を起こさないことをお誓いし、本書を差し入れます。

○年○月○日

二年三組　沢本和也
保護者　沢本晴信　印

市立南部中学校校長
前川伸彦殿

★退学届は、学校に所定の用紙があることが多いので問い合わせましょう。始末書は、まず不祥事について事実を述べ、謝罪し、対処の仕方を明記し、最後に二度とくり返さないことを誓います。

体育見学願・水泳授業見学願

体育見学願

三年一組
今井希美

急性腎炎症と診断され、数カ月は運動を禁止されました。しばらく、体育を見学させるようお願いいたします。別紙診断書を添えてお願い申し上げます。

○年○月○日

三年一組　今井希美
保護者　今井哲夫

水泳授業見学願

四年一組
林　茂太

先週、赤い目をしているので眼科を受診したところ、結膜炎と診断されました。今週から登校の許可はでましたが、まだプールは控えるようにとのことです。診断書を添えますので、ご確認のうえ、よろしくお願いいたします。

○年○月○日

四年一組　林　茂太
保護者　林　茂雄　印

★長期にわたって見学が必要な場合は、「願」を求められることがあります。医師の診断書を添えるようにしましょう。書式については、まず担任と相談します。

担任との日ごろの連絡

月　日	連絡事項	保護者印	担任印
4月21日	新学期で緊張しているせいか、少しアトピーがひどくなっていて、１週間ほど卵をひかえさせております。給食でもゆで卵などが出たら食べないように言ってありますので、よろしくお願いします。フライの衣やホットケーキ程度なら大丈夫です。		
5月29日	自転車で転んで右手首を捻挫しました。文字がうまく書けないようです。２、３日よろしくお願いします。		
7月13日	スイミングスクールに通わせなかったせいか、他のお子さんのように上手に泳げないようです。私は、この夏がんばればうまくなるわよと言っているのですが、本人はめずらしく考え込んでいるようです。先生のご意見をうかがいたいのですが、よろしくお願いします。		
10月20日	忌引きが明け、本日から登校させます。同居の祖父でしたので、少しナーバスになっているようです。よろしくお願いします。		
11月26日	12月１日の三者面談ですが、仕事の関係でどうしてもうかがえなくなってしまいました。２、３、４日のいずれかに変更していただけないでしょうか。お手数ですが、よろしくお願いします。		

★ささいなことでも、気になったら、連絡帳で相談やお願いをしましょう。相手は先生なので、年下でも敬語を使います。

担任への質問・抗議の連絡

質問

9月8日

知美が、タレント養成スクールに通いたいと言い出して困っております。そこは、有名な○○○○が所属する会社が運営していまして、知美は夏休みにお友達といっしょに願書を送ったのですが、入学許可通知がきてしまったのです。

私は、知美が真剣なので、３カ月ぐらい、ためしに通わせてみてもよいかと思っているのですが、父親は学業に支障がでるかもしれないし、小さいうちから芸能界の雰囲気になじませるのは反対だと申しております。

親としてどのように対処すればよいでしょうか？　もしお時間をいただけますなら、一度学校に相談にうかがってもよろしいでしょうか。よろしくお願いいたします。

抗議

11月5日

いつも、泰昌がお世話になっております。先日、帽子をとられて帰宅したとご相談しましたが、本日は、くつを片方とられ、片足はだしで帰ってまいりました。だんだんといたずらがエスカレートしているようで、親としては大変心配しております。

先日、ご相談したときには、男の子同士の悪ふざけだからそれほど心配ない。いたずらをした子どもたちには、わかるように注意してくださるということでしたが、今度またこのようなことが起こり、いてもたってもいられず、ご連絡をいたしました。

泰昌は機敏なたちではありませんが、やさしい子です。それがいけないのでしょうか。

子どもの世界にあまり親が立ち入るのはよくないとは思いますが、母親としては、不憫でなりません。

お忙しいこととは存じますが、ぜひお返事をちょうだいできればと願っております。

★相談事の文書は、どうしても長くなりがちですが、なるべく簡潔に状況を説明するように心がけましょう。そして、先生に直接会いたいとお願いします。抗議の文書は、感情的になって相手を責めないようにするのがポイントです。

保護者

進学相談の手紙

TONE 真剣に

時候のあいさつ

拝啓　師走の候、先生にはお忙しくお過ごしのことと存じます。①先日の三者面談では長時間ありがとうございました。

お願い

じつは、香奈が、どうしても最初からの希望である○○校を受けたいようなのです。**A親としても本人に悔いのない受験をさせてやりたいのですが、**お恥ずかしい話、もし落ちてしまったときにすべり止めの私立にやる余裕がございません。けれど、ご近所の○○高生のお母様から、12月の模試で合格可能性が30％だったけれど合格できたというようなお話を聞き、香奈にも希望があるような気もいたしております。

つきましては、もう一度お時間をいただき、○○高にするか××高にするかご相談できないでしょうか？　香奈も気持ちがもやもやしたままでは、勉強に集中できません。

結び

②ご多用中のところ大変申し訳ございませんが、なにとぞよろしくお願いいたします。

向寒のみぎり、ご自愛くださいますよう。

かしこ

手紙のマナー

①書き出しはお礼から

先日のお礼を述べることで、本文にうまくつなげています。

②最後は「お願い」で締める

三者面談で一度出した結論を、もう一度相談したいというお願いなのですから、相手の忙しい立場をじゅうぶんに思いやって、そこを曲げてという気持ちを訴えます。

書き換え

A「父親も本人のチャレンジしたいという気持ちを、大事に考えたいと申しておりますが」

保護者

特別なお世話へのお礼の手紙

TONE 恐縮して

時候のあいさつ

拝啓　紅葉のたよりが聞こえてくるようになりました。

先生にはご健勝のこととお喜び申し上げます。

その後の報告

①おかげさまで、知美は、この10月から○○市の児童劇団に週1回元気に通っております。

知美が、タレント養成スクールに通いたいと言い出したときには、両親ともに戸惑い家中が大騒ぎになりました。先生に、演技に興味があるならば、地元放送局の児童劇団に入ったらどうかとすすめていただき本当によかったと思っております。

②養成スクールにはあれほど反対していた父親も、今では毎回送り迎えをしています。

知美自身も、学校とは別のお友だちに会い、とても刺激を受けているようで、考え方もしっかりしてきました。

お礼

Aこれも親身に相談にのってくださった先生のおかげと家族一同感謝いたしております。ありがとうございました。

右、お礼まで申し上げます。

敬具

手紙のマナー

①現在の子どものようす

まず、先生のおかげで子どもが元気で溌剌としているようすを伝えましょう。

②父親の感想を添える

先生のおかげで、父親も満足していることを伝えます。

書き換え

A「タレントなど一笑にふされるかと覚悟しておりましたが、知美の気持ちになってアドバイスをいただき……」

保護者

担任へのいじめの相談

時候のあいさつ

拝啓　寒い毎日が続きますが、先生にはお元気にお過ごしのこととお喜び申し上げます。

日ごろは、早苗がお世話になっております。

相談

①じつは、年が明けてから、早苗がどうも元気がなく、お友だちとでかけることもなくなりましたので尋ねたところ、「だれも口をきいてくれない」と申します。急にそうなったのだそうです。早苗の前は、亜美ちゃんがそうだったとかいうことで、これはいじめなのではないかと、心配しております。

②早苗に何か落ち度があるのかもしれませんが、親としては、なんともいたたまれなく、ご相談いたします。明るく学校には送り出すようにはしているのですが心配です。

お願い

Aお忙しいところとは承知しておりますが、一度お目にかかってご相談できないでしょうか。できれば、父親も同席したいと申しております。

なにとぞよろしく、お願いいたします。

敬具

TONE 真剣に

手紙のマナー

①要件を説明する

何を相談したいのか、相手にわかるように説明します。

②おとなとしての判断

一方的な被害者意識ばかりを書くのではなく、おとなとして冷静な視点も必要。

書き換え

A「なるべく早く学校にうかがってご相談したいのですが」

「クラスの様子もお聞きしたいので、おうかがいしたいのですが……」

保護者

不登校の子の近況報告

TONE まじめに

時候のあいさつ

拝啓　梅雨も明け盛夏の頃となりました。先生には、ご壮健のこととお喜び申し上げます。

報告

①大変ご無沙汰しておりました。

②じつは、晴之が、この夏からサポート校の寮に入ることになりました。昨年の6月から不登校になり、まったく外に出ない時期が半年間続いたことを思えば、大きな進歩だと安堵しております。

先生にご紹介いただいたカウンセラーの高木先生のおかげで、この5月からサポート校に通うようになり、本人から寮に入ると言い出したのです。晴之も晴之なりに、自立しようとしているのだと思います。主人も私もこの1年のあいだ、ずいぶん変わりました。

結び

Aまずは、右ご報告まで申し上げます。

いろいろご厄介をおかけいたしました。

暑さ厳しき折、ご自愛ください。

敬具

手紙のマナー

①無沙汰のお詫び
長期に会っていない場合は、まず無沙汰を詫びます。

②子どものようす
子どもの近況を伝えます。日常生活のようす、うかがえる心境、また親としての気持ちなどを盛り込みます。

書き換え

A「先生には、長い間、いろいろとご心配をおかけし申し訳ございません」「先生のおかげで、晴之ともどもなんとかやっております」

保護者

塾の先生への合格のお礼

時候のあいさつ

拝啓　日差しが春めくようになりました。

先生には、相変わらず、お忙しくお過ごしのことと存じます。

お礼

①このたび、誠一の東帝高合格では、先生にひと方ならぬお世話になりました。お礼の申し上げようもございません。

②誠一本人も「まさか受かるとは思わなかった。森先生の特訓のおかげだ」と半信半疑の顔をしながら、心から先生に感謝申し上げております。

中学校の担任の先生も大変に喜んでくださいました。

親としては、ただ誠一を励ますことしかできませんでしたが、やはり長い1年でした。

4月からは、優秀な同級生の中で苦労するとは思いますが、のびのびと切磋琢磨して、有意義な高校生活を謳歌してほしいと願っております。

結び

Aまずは、先生にお礼を申し上げたく、お手紙を差し上げました。本当にありがとうございました。

敬具

手紙のマナー

①合否の報告

まずは、お礼をきっちりと述べます。

②子どもが喜ぶようす

子どもがどれほど喜んでいるかを書くとよいでしょう。その後、家族や先生などの喜びのようすを書きます。

書き換え

A「先生に心からお礼の気持ちを伝えたくて、手紙をしたためました」

TONE 感謝して

保護者

ピアノの先生への感謝の手紙

TONE 感謝して

時候のあいさつ

拝啓　桜がもう咲き始めました。

先生には、春の発表会でお忙しいことと存じます。

子どもの近況

①恵理は、４月から毎日塾に通い始めましたが、帰宅すると必ずピアノの前に座って、20～30分弾いています。とてもリラックスするようです。ときどき「そろそろ春の発表会だなあ」などとつぶやいております。小学校1年生から8年間通ったピアノ教室ですから、自分で1年間お休みすると決めたとはいえ、ちょっと寂しいのでしょう。

「ときどき遊びにいらっしゃい」と言っていただいたそうで、本人もぜひ近いうちに参りたいと申しております。②ご面倒をおかけしますが、どうかよろしくお願いいたします。

感謝

A先生には、8年間、本当にお世話になりました。ひとつの区切りとして、お礼申し上げます。

花冷えの折、風邪などひかないようご自愛ください。

かしこ

手紙のマナー

①子どもの近況

受験のためピアノ教室をやめた子どもの近況を報告します。

②今後のお願い

今後のことをよろしくお願いします。

書き換え

A「がさつな娘に8年間、ていねいなご指導をいただき、ありがとうございました」

PTA会長

PTA会長の抱負

TONE 強い決意

日ごろのお礼

①みなさまには日ごろから、PTA活動にご理解ご協力を賜り、まことにありがとうございます。

自己紹介

私は、○年度のPTA会長をおおせつかりました西川悟郎です。②微力ではありますが、東部中学の伝統をけがさぬように、精一杯努める覚悟です。よろしくお願いいたします。

昨今の中学生をとりかこむ環境は、難しさを増しておりまして、東部中PTAとしても、諸先生方、他校PTAと連携しながら、臨機応変に対処していく所存です。

お願い

A今年は、○○県PTA連合会の発足60周年を迎え、「子育てシンポジウム」（予定）など、保護者の勉強会を全県規模で開催いたします。PTAのあり方や意義を見つめなおす、よき機会にして参りたいと思っております。また、保護者学級やバザーをはじめとする、伝統の行事もさらに子どものためになるよう、みなさまの役に立つよう、行って参ります。

③いっそうのご協力をお願い申し上げます。

感想文のマナー

①感謝を述べる
PTA活動への協力に感謝します。

②今後の決意
覚悟とやる気を述べます。

③協力のお願い
いっそうの協力をお願いします。

書き換え

A「子どものためになる、保護者の負担感が少ない、新しいPTA活動を模索して参りたいと思います」

保護者

社会見学会の感想

TONE 楽しげに

日時、場所など

①6月20日金曜日、PTA社会見学会に参加しました。

行き先は、○○市の国宝××城。市民公園の前から貸切バスで1時間45分。しっとりとした雨の中、堂々とそびえたつ天守閣に息を切らせながら登りました。

感想

驚いたのは、お城の庭園の美しさでした。お城の天守閣には登ったことのある方が何人もいましたが、城内の庭園はみなさん初めてということで「隠れスポットね！」と、はしゃぎながら、紫陽花や、池やらをゆっくりと見てまわりました。

歩く道すがら、校長先生が「よい寺があるから、ちょっと寄っていきましょう」と△△寺に案内してくださいました。校長先生は郷土史研究家でもあるそうで、このゆかしい尼寺に惹かれて何度も訪れているそうです。Aお城、庭園、尼寺、懐石ランチと伝統文化の香りに包まれた1日でした。

むすび

②他のクラスのお母様方ともメルアドを交換し、親睦が深まったことも大変よかったと思っています。

感想文のマナー

①日時や場所の説明

日時、場所などから始めると書きやすいでしょう。その後は、見学した順番に場所を紹介し、感想を織り交ぜていくとスムーズに書き進められます。

②親睦できた喜び

PTA社会見学会は、会員の親睦を図ることが目的の場合が多く、その場合はこのような感想でまとめるのが無難でしょう。

書き換え

A「校長先生は、お城の由来、懐石料理の意味なども教えてくださり、とても勉強になりました」

保護者

創立50周年を祝って

TONE 明るく

お祝い

①山川小学校創立50周年おめでとうございます。

この3月に卒業した息子と現在2年生の娘の2人の子どもが、ごやっかいになっておりますが、25年前には私も、そして50年前には父も山川小学校生でした。

学校とのかかわり

②今の校舎になったのが、私が小学校3年生のときで、明るいピカピカの学校に通うのがうれしかったのを覚えています。当時は、1学年4クラスありましたが、今は2クラス。

感想

A子どもが減っているんだなあと思います。

先月、参観日で学校に行きましたら、廊下で「ぷよ！」と声をかけられてビックリ。「ぷよ」は、昔の私のあだ名で、なんと6年生のときに仲良しだった子がやっぱり母親になって参観に来ていたのです。女性は成長すると、遠くに離れてしまう人が多いので、同級生に会えることは少ないのですが、なんという幸運。子どもの入学式・卒業式では、校歌をいつの間にかいっしょに口ずさんでいました。

感想文のマナー

①お祝いのことば

まずは創立記念のお祝いを述べます。

②エピソードの披露

学校の思い出や、まつわるエピソードを2つ、3つ披露します。それぞれに、自分の感想をはさむようにすれば、感想文の出来上がりです。

書き換え

A「休み時間の校庭も混雑度が低いような気がします」

保護者

PTA主催講演会の感想

TONE 感心して……

日時、タイトルなど

①11月8日、宮本花世さんの講演会「子どもの将来をバラ色に　これだけは押さえたいしつけ術」を聞きました。最初は、同じ市出身の著名人ということで興味をひかれて参加したのですが、②実際講演を聞いて、なるほどとうなずくことが多く、とても勉強になりました。

内容

宮本さんは、長年企業で新人を見てこられた経験から、家庭のしつけができていない若者が増えている。そして、そういう社会性が身についていない若者は損をすると言っています。さらに、しつけをしないことが、個性や独立心を育てることだと誤解している親が多いと強調されていました。

感想

保護者の耳に痛い内容を、実例をあげながら、ユーモアたっぷりに話されるので、笑いながらいつのまにか納得しているという、とてもすばらしい講演会だったと思います。講演後の質疑応答もとても具体的で、大変参考になりました。A我が家でも、できることから実践していきたいと思っています。

感想文のマナー

①文書の流れ

「講演の日時、タイトル」「内容の自分なりのまとめ」「実生活にどう生かしていくか」の順番で書けば、おさまりがよいでしょう。

②自分の意見でまとめる

①の各項目の最後に必ず意見なり感想をはさむようにすると、無理なく感想文が仕上がります。

書き換え

A「我が家でも早速、参考にさせていただきたいと思います」